# Entscheidungen

des

# Ober-Seeamts und der Seeämter

des

# Deutschen Reichs.

Herausgegeben

im

Reichsamt des Innern.

Zehnter Band.

Heft 2.

Hamburg.

Druck und Verlag von L. Friederichsen & Co.

1893.

# Inhalt.



(Fortsetzung folgt auf der dritten Seite des Umschlags.)

## 26. Spruch des Seeamts zu Stettin vom 22. October 1891 und Entscheidung des Kaiserlichen Ober-Seeamts vom 7. April 1892, betreffend den Seeunfall des Raddampfers „Cuxhaven" von Hamburg.

Der Spruch des Seeamts lautet:

Der Seeunfall, welchen der Raddampfer „Cuxhaven" auf der Vergnügungsfahrt von Zinnowitz in See am 24. Juli 1891 durch Aufstoßen auf Vineta-Riff, Leckwerden und Sinken erlitten hat, wobei drei Personen zu Tode kamen, ist vom Schiffer Jaeger dadurch verschuldet, daß derselbe zwischen den Bänken von Zinnowitz und Vineta hindurchfuhr, ohne den Abstand vom Vineta-Riffe gehörig festzustellen. Nach dem Unfall hat Schiffer Jaeger sich der Lage nicht voll gewachsen gezeigt, den Tod der Frau Berkhauer, der Emilie Hartwig und des Kochs Bathke aber nicht verschuldet. Mängel der Bauart, Beschaffenheit und Ausrüstung, welche auf den Unfall gewirkt haben könnten, sind nicht festgestellt.

Auf Antrag des Reichs-Commissars wird dem Schiffer Jaeger die Befugniß zur Ausübung des Schiffergewerbes entzogen, für das Steuermannsgewerbe aber belassen.

Gründe. Der zur Bräunlich'schen Rhederei in Stettin gehörige Raddampfer „Cuxhaven", Unterscheidungs-Signal RBDP, Heimathshafen Hamburg, ist bei einer am 24. Juli 1891 von Zinnowitz aus unternommenen Vergnügungsfahrt in der Ostsee innerhalb der Gruppe der Vineta-Bänke aufgestoßen, leck geworden und gesunken, wobei drei zur Bedienung des Schiffes gehörige Personen zu Tode gekommen sind. Der Dampfer war im Jahre 1864 auf der Werft von Caird & Co. zu Greenock aus Eisen erbaut, 67,61 m lang, 6,84 m breit, 3,15 m tief mit einem Netto-Raumgehalt von 724,42 cbm = 255,66 britischen Register-Tons. Die Maschine hatte 600 indicirte Pferdekräfte und machte bei Volldampf und 2½ Atmosphären Dampfdruck 32—34 Umdrehungen in der Minute, wobei das Schiff eine Fahrt von 12 Knoten erreichte.

Der ursprüngliche Werth des Schiffes wird auf 220000 M. angegeben. Dasselbe wurde im Mai 1891 für 59000 M. an die Bräunlich'sche Rhederei in Stettin verkauft, welche es mit 70000 M. versicherte. Schulden waren nicht eingetragen, ein Theil des Kaufgeldes aber noch nicht bezahlt und deshalb das Schiff noch nicht in das Schiffsregister des Königlichen Amtsgerichts zu Stettin übertragen. Nach Mittheilung der Vorbesitzer war der „Cuxhaven", obwohl ohne Classe, bei dem letzten Verkaufe in gutem Zustande und wohl geeignet, noch viele Jahre hindurch die Fahrten zwischen Stettin und Rügen auszuführen. Das Schiff wird als außerordentlich stark gebaut geschildert und soll sich dasselbe großer Beliebtheit erfreut haben und in gutem Zustande erhalten worden sein. Im Mai 1891 war es zu Hamburg im Dock und erhielt einen neuen Bodenanstrich, wurde dann in Stettin mit einem Kostenaufwande von 7 833,25 M. ausgebessert und für die Fahrt nach Rügen eingerichtet. Die vom Rheder überreichte Rechnung des Vulkan ergiebt Arbeiten an den Verdecken, dem Schandeck, den Kajüten, der Maschine und den Rädern, Herstellung einer neuen Commandobrücke, verschiedener Spinden, Bänke und anderen Hausrathes, Thüren, Luken, Sprachrohrleitung und viele andere Einzelheiten. Das Schiff wurde nicht gedockt und daher auch nicht auf seine Seetüchtigkeit untersucht, welche zu bezweifeln nach Meinung der die Reparatur ausführenden Maschinen-Bauanstalt Vulkan keine Veranlassung war. Auch der Steuermann Lohf erklärt den „Cuxhaven" für ein tüchtiges Seeschiff und der jetzige Rheder Bräunlich hat dasselbe außerordentlich stark befunden, wie denn auch ihm gegenüber zwei Inspectoren des Lloyd die Dauerhaftigkeit und Güte des Schiffes bezeugten, was durch die Fahrt bestätigt wurde. Maschinen, Schaufelräder und Kessel waren in gutem seefähigen Zustande, wurden im Vulkan gründlich überholt und gaben zu irgend welchen Bedenken keine Veranlassung. Das Schiff war mit allen für seine Fahrt nothwendigen Gegenständen sehr gut ausgerüstet, hatte an jeder Seite zwei Lenzpumpen, die selbstthätig mit der Maschine arbeiteten; außerdem konnten bei größerer Gefahr noch die Luftpumpe und eine kleine Dampfpumpe zu Hülfe genommen werden. Das Schiff hatte vier vom Besichtiger der Veritas in bestem Zustande befundene Boote, darunter zwei Zinkboote mit Luftkästen, Patent Francis, welche auf Deck in Galgen mit Klampen standen, während in den für sie bestimmten Davids die beiden für den Dienst der Besatzung bestimmten Boote geheißt waren und erst zu Wasser gelassen werden mußten, bevor mit denselben Taljen die Rettungsboote niedergelassen werden konnten. Rheder Oskar Bräunlich meint, daß dies gleichwohl in einer Minute habe geschehen können, während Schiffer Jaeger die Handhabung der Boote für unbequem erklärt, von einer einzigen und unzureichenden Lenzpumpe, sowie davon spricht, daß der Rumpf des Schiffes alt, nicht gehörig im Stande, der Unterraum binnenbords stellenweise von Farbe entblößt und verrostet gewesen sei. Die Besatzung bestand ans dem Schiffer Jaeger, Steuermann Lohf, dem Maschinisten Deike und seinen Gehülfen Viebke und Gabriel, einem Bootsmann, drei Matrosen, fünf Heizern, zwei Stewards, zwei Köchen, einer Wirthin nebst Dienstmädchen. An Bord befanden sich 50 Korkwesten und 8 Rettungsringe. Der Tiefgang des Schiffes wird vom Schiffer auf 7 und 7½ Fuß, von dem Steuermann auf einen Fuß mehr angegeben. Der „Cuxhaven" war von seiner jetzigen Rhederei in den Dienst für die Badeorte und Badegäste der Insel Wollin und Heringsdorf, sowie für die Fahrten nach Rügen gestellt, war der Führung des Schiffers Jaeger anvertraut und hatte seinen Standort in Swinemünde erhalten. Von hieraus fuhr das Schiff am Morgen des 24. Juli 1891 nach Misdroy, Ahlbeck, Heringsdorf und mit den unterwegs an Bord gekommenen Badegästen nach Zinnowitz, wo man um 10 Uhr vormittags anlangte und ankerte. Das Wetter war hell und schön mit leichter Briese aus NW und ganz ruhiger See, weshalb der Schiffer von seiner Rhederei telegraphisch den Auftrag zu seiner Vergnügungsfahrt nach See hinaus erhielt, welche durch Anschlag auf 4 Uhr nachmittags bestimmt und mit etwa 40 Fahrgästen gegen 4 Uhr 15 Minuten begonnen wurde, indem das Schiff nach Aussage des Zeugen Wilken von der Landungsbrücke etwa 100 m in die See hinausfuhr und sich dann rechts wendete. Hiermit übereinstimmend sagt Oberlehrer Volkmar, das Schiff sei zuerst gerade nach Norden, dann nach Osten gefahren und Fabrikbesitzer Schmidt spricht davon, daß der Dampfer in großem Bogen nach See gewendet und dann den Curs auf Heringsdorf genommen habe, aber nicht mit der Küste gleichlaufend, sondern mehr seewärts, vom Strande etwa eine, später 1½ Seemeilen entfernt. Auch Steuermann Lohf sagt, daß der Curs zuerst nördlich, dann östlich zwischen den Seezeichen der Riffe von Coserow und Zinnowitz hindurch gewesen sei. Ausführlicher beschreibt der Schiffer selbst die Abfahrtsbewegungen dahin: „Um das Schiff auf den Wind zu halten und den Anker nicht unter den Kiel zu bekommen, oder dem Lande zu getrieben zu werden, ließ ich, sobald der Anker vom Grunde frei war, die Maschine einen Schlag vorwärts gehen, dann einen Augenblick stoppen und etwas rückwärts gehen, weil mir gesagt wurde, daß Gastwirth Willer an Land wolle, was aber nicht geschah; das Schiff war dabei bis Nord herumgekommen. Ich ließ wieder vorwärts gehen, zuerst langsam, bis der Anker über Wasser war, dann mit voller Kraft." Als sodann gesteuerte Curse und Distanzen nach Compaß und Uhr giebt der Schiffer an:

1. ONO etwa drei Minuten = eine halbe Seemeile etwa gerade auf die Zinnowitz-Bakentonne zu, welche etwas an Steuerbord voraus lag;
2. O½S zehn Minuten = 2 Seemeilen, bis Coserow-Steuder etwa SO zu S lag;
3. SO½O mit der Küste gleichlaufend sechs Minuten = 1⅕ Seemeilen.

Während dieser Fahrt befand sich der Schiffer mit den Fahrgästen Fabrikbesitzer Schmidt aus Wolgast und Gastwirth Willer auf der Commandobrücke, während Bootsmann Schröder das Steuerrad bediente, Maschinist Deicke mit seinen beiden Gehülfen bei der Maschine, der Steuermann Lohf, nachdem er das ordnungsmäßige Aufsetzen des Ankers beaufsichtigt und das Aufhissen des vom Schiffer gebrauchten Backbordsbootes angeordnet hatte, mit dem Kassiren des Fahrgeldes und dem Ordnen der Fahrscheine beschäftigt war. Er wurde hierin durch ein auffallendes Schurren gestört, als ob das Schiff über einen harten Gegenstand hinwegführe. Andere Zeugen sprechen von bohrendem Geräusch in der Dauer einer halben Minute und mit großen Schwankungen verbunden, so daß man sich festhalten mußte; von Ruck, Knall, Festsitzen auf einem Riffe, starkem rasselnden und knarrendem Geräusch, auch von zwei in einigem Abstande auf einauder folgenden Stößen, während die meisten nur einen Stoß bemerkt haben wollen. Schiffer Jaeger selbst meint, daß das Schiff nicht aufgelaufen, sondern mit der Seite einen Gegenstand berührt habe. Er berechnet die Zeit des Aufstoßens auf 4 Uhr 45 Minuten gleich einer halben Stunde nach der Abfahrt, wovon 11 Minuten auf die ersten Wendungen, die übrigen 19 Minuten auf die Fahrt unter Volldampf kommen. Der Steuermann giebt den Zeitraum von der Abfahrt bis zum Aufstoße auf eine Viertelstunde mit 2—2½ Seemeilen Distanz an, der Fahrgast Oberlehrer Volkmar auf 15—20 Minuten; doch wird auch von einer halben bis zu einer ganzen Stunde gesprocheu. Maschinengehülfe Diebke will 20 Minuten unter Volldampf gefahren sein, giebt die ganze Zeit auf 20—25 Minuten an. Wie über Art und Zeit, so gehen auch über den Ort des Aufstoßens die Angaben auseinander.

Der Schiffer entlastet sich damit, daß er nach Curs, Distanz und Karte sich in tiefem und reinem Fahrwasser befunden habe, daher er sich den Unfall nur durch einen unbekannten Stein, ein Wrack oder einen anderen Gegenstand erklären könne. Ihm stehen die Aussagen von Fischern aus Coserow zur Seite, welche im Frühjahr beim Fischen in der Morgendämmerung zwischen den Banken und ihrer Meinung nach nicht auf dem Vineta-Riffe mit dem Bootsschwerte aufgestoßen sind, ohne jedoch Näheres angeben zu können. Kurze Zeit darauf und noch vor dem Unfall des „Cuxhaven" trafen dieselben Fischer etwa 1000 m ostwärts vor Vineta in der Gegend der alten Coserower Bake etwa fünf Fuß unter Wasser mit dem Ankertau auf einen treibenden Gegenstand, den sie jedoch nicht näher untersuchen konnten, da ihr Ankertau brach. Fischer Ernst Knüppel aus Coserow ist nach dem Unfall bei bewegter See auf der vom Schiffer angenommenen Strandungsstelle gewesen und hat mit der Leine zwischen zwei Booten nach dem Gegenstande gefischt, auf welchen der „Cuxhaven" gestoßen sein sollte. Es waren etwa 120 Faden Leine aus und auf 15 Fuß Wassertiefe gestellt. Die Leine wurde fest, hakte aber los, nachdem etwa 60 Faden eingeholt waren, ohne daß der Grund des Festbleibens ermittelt werden konnte. Neben diesen unbeeideten Aussagen haben die Fischer Lewerenz, Krüger und Schievelbein aus Coserow, welche zur Zeit des Unfalls östlich davon mit Aussetzen von Flundernetzen beschäftigt waren, eidlich bekundet, daß der „Cuxhaven" ihrer Meinung nach, als er Nothsignal gab, nicht auf Vineta-Riff, sondern östlich davon gelegen habe. Doch hat der Schiffer wiederholter Bemühungen ungeachtet den geheimnißvollen Urheber alles Unheils ebensowenig entdecken und nachzuweiseu vermocht, als dies von Sr. Majestät Vermessungsschiff „Nautilus" geschehen ist, welches vielmehr bei genauester, unter Beihülfe eines zweiten Dampfers und mit nachgezogenen Leinen bewirkter Durchforschung und Tiefenmessung der ganzen Vineta-Gruppe das Fahrwasser zwischen den Banken durchaus rein gefunden hat. So bleiben denn doch nur die Steine des Vineta-Riffes übrig. Dorthin weisen nicht nur die Stimmen der ortskundigen Küstenbewohner, sondern auch die Aussagen der Fahrgäste wie der zur Hülfe herbeigeeilten Fischer von Loddin und Zempin. Rentier Devoulder aus Anklam, seit 17 Jahren Badegast in Zinnowitz, sah am Nachmittag des 24. Juli den „Cuxhaven", der gestoppt hatte und dem Lande viel zu nahe zu liegen schien. Schon vor dem Unfall sagten Fischer aus Zempin, der „Cuxhaven" sei dem Lande zu nahe und werde seinem

Schicksal nicht entgehen. Von den Fischern hörte der Zeuge auch, daß der „Cuxhaven" auf Vineta-Riff gestoßen habe. Dasselbe berichtet und bekundet Strandvogt Marquardt zu Coserow. Von den Fahrgästen bekundet Fabrikbesitzer Lange aus Glashütte bei Lauenstein im Königreich Sachsen, der sich freilich für ganz unerfahren in seetechnischen Angelegenheiten erklärt, daß sie sonst seiner Erinnerung nach in größerem Bogen um den Streckelberg herumgefahren seien. Es sei ihm aufgefallen, wie verhältnißmäßig nahe sie dem Streckelberg gewesen seien. Das Schiff sei etwa 100 Schritte von einem in See sichtbaren, nach dem Lande zu befindlichen weißen Fähnchen aufgestoßen. Fabrikbesitzer Schmidt aus Wolgast sah von der Backbordseite der Commandobrücke zur Zeit des Aufstoßens den Coserow-Steuder gerade über dem Bugspriet etwas rechts oder recht voraus und so nahe, daß er mit seinen guten Augen Stange und Tonne von einander unterscheiden konnte. Er schätzt den Abstand auf 5—10 Minuten voller Fahrt und würde eine von der Stoßstelle nach der Küste gezogene Linie etwa die Mitte zwischen dem Zempiner Haken und den Coserower Packhütten treffen. Schmidt glaubte die Stoßstelle an Ort und Stelle wiederfinden zu können, was sich aber bei der unter seiner Zuziehung bewirkten Augenscheinseinnahme am 8. October 1891 nicht erfüllte. Ein weißes Fähnchen will Schmidt weder gesehen und davon ebensowenig gesprochen haben, wie von einem Aufstoßen auf Vineta-Riff; doch hat ihm Fischer Friedrich Schmidt aus Loddin gesagt: „hier von uns auf Damerow-Land zu liegt Vineta-Sandriff". Landschaftssyndikus Rietzsch aus Görlitz verlegt die Stoßstelle auf etwa eine halbe Stunde vom Lande und Streckelberg ganz nahe bei einem runden Fähnchen und habe sich Schmidt gewundert, daß sie so nahe an dies Seezeichen des Vineta-Riffs herangegangen seien. Oberlehrer Volkmar aus Lichterfelde hat beobachtet, daß die Stoßstelle ungefähr dem früheren Orte Damerow gegenüber lag, was mit den Aussagen der Loddiner Fischer übereinstimmt. Diese waren dabei, ihre letzten Fischbaken auszulegen und befanden sich an einer Stelle, welche liegt:

a. vom Coserow-Steuder NWzN 1⅓ Seemeilen ab,
b. vom Vineta-Riff O eine Seemeile ab,
c. von Försterei Damerow NO 1⅓ Seemeilen ab,
d. vom Zinnowitzer Schlosse O 3 Seemeilen ab.

Diese Fischer sahen den „Cuxhaven" zuerst nordwestlich herankommen, dann, als er das Nothsignal gab, kam er in der Richtung vom Damerower Durchbruch her, also etwa von SWzW auf sie zu, lag jedoch nach der Meinung des Zeugen Karl Schmidt etwas höher als Vineta-Riff, also seewärts von demselben. Sie ruderten ihm entgegen und waren mit den Zempinern, die mehr seewärts gelegen hatten, bei der Abnahme der Fahrgäste thätig, brachten auch die Leiche der Frau Berkhauer nebst geretteten Fahrgästen bei dem Durchbruche von Damerow an das Land, welches ihnen hier näher war, als der Strand von Coserow. Die Leiche der Berkhauer wurde höchstens 100 m vom Schiffe aufgefischt und lag dieser Stelle der Durchbruch von Damerow ziemlich gegenüber, doch etwas westlicher. Den Zempiner Fischern, welche 13 Fahrgäste abnahmen, lag Damerow gegenüber auf der Ostseite. Der „Cuxhaven" lag auf Damerow Durchbruch zu, von welchem die Fischer etwa zwei Seemeilen ab waren. Ganz bestimmt sind endlich die Aussagen der Fischer Friedrich Schütt, Johann Walter und Karl Awe aus Zempin. Sie hatten am Nachmittag des 24. Juli 1891 ihre Angeln auf Vineta-Riff ausgesetzt und mit schwarzen Fähnchen bezeichnet und waren dann nach dem Lande zu gefahren. Von hier aus sahen sie den „Cuxhaven" noch westlich von ihren Fischerzeichen auf dieselben zusteuern, dann stoppen, dann seewärts und an ihren Zeichen nördlich vorbei weiter gehen und Signale geben. Sie ruderten nach ihren Angeln zurück und fanden bei denselben zwei weiß angestrichene Bretter, wodurch sie in der Meinung bestärkt wurden, daß der „Cuxhaven" auf dem Vineta-Riffe gewesen sei. Schiffer Hansen, der mit dem Dampfer „Sequens" am Streckelberge lag, sah den „Cuxhaven", welcher Nothsignale gab und zu sinken schien, auf der Höhe der Vineta-Bank und anscheinend frei von derselben, ohne jedoch den Abstand genau bestimmen zu können.

Um aus dem Gewirr dieser Muthmaßungen, Meinungen und Thatsachen zu einem sicheren und klaren Urtheile zu gelangen, bedarf es näheren Eingehens auf die Oertlichkeit nach Maßgabe der Karten, der Pause des Kaiserlichen Vermessungsfahrzeugs „Nautilus", der vom Hafenbau-Inspector Eich zu Swinemünde eingereichten Umrißzeichnung des Ostseestrandes bei Coserow und der vom Vorsitzenden des Seeamts entworfenen Handzeichnung der Vineta-Banken zur Augenscheins-Einnahme und Zeugenvernehmung in Zinnowitz und Coserow am 8. October 1891. Die Gruppe der drei Vineta-Banken erstreckt sich zwischen Zinnowitz und dem Streckelberge im Abstande einer Seemeile von der Küste mit zwischenliegender Fahrrinne von 12—18 Fuß, die den unablässigen Gebrauch der Peilstange erfordert, um vom Lande wie von den Steinriffen frei zu bleiben. NO vom

Streckelberge eine Seemeile ab liegt Coserow-Riff als östlicher und südlicher Endpunkt; von diesem NW½N 3¼ Seemeilen ab als nördliche und westliche Grenze der gesammten Gruppe die Bank von Zinnowitz. Beide Stellen sind als solche Grenzpunkte dadurch bezeichnet und in den Nachrichten für Seefahrer bekannt gemacht, daß auf Coserow-Riff ein weißer Steuder mit dreieckigem Topzeichen mit dem Buchstaben O, auf dem Riffe von Zinnowitz eine weiße Bakentonne mit gleichem Dreieck und dem Buchstaben N steht. Letzterer fehlte bei der amtlichen Besichtigung am 28. Juli 1891, bei welcher sonst alles in Ordnung gefunden wurde. Der „Nautilus" stellte fest, daß die Bakentonne des Zinnowitz-Riffes, welche nach der Seekarte auf dem Riffe selbst liegt, NOzN davon und 1700 m ab in tiefem Wasser, Coserow-Steuder dagegen auf seiner richtigen der Seekarte entsprechenden Stelle sich befinde, während zufolge einer angeblich dem Berichte des Commandanten des „Nautilus" entnommenen Nachricht in No. 418 der Ostseezeitung vom 8. September 1891 auch dieser Steuder von der in der Karte angegebenen Stelle SzO 220 m ab liegen sollte.

Nach dem Gutachten des Hafenbau-Inspectors Eich und des Lootsen-Commandeurs Müller zu Swinemünde wirken die beiden Seezeichen für die unbetonnte und unsichtige Vineta-Bank mit, weil sie die Endpunkte der gesammten Gruppe genau bezeichnen und durch ihre Buchstaben O und N ausdrücken, daß man sich östlich und nördlich von ihnen zu halten habe und zwischen ihnen durch auf eigene Gefahr steuere. Dies ist freilich sehr oft und auch sowohl vom „Sequens" als von anderen Passagierdampfern der Bräunlich'schen Rhederei, auch vom Schiffer Jaeger trotz seiner bisherigen Unbekanntschaft mit dem Fahrwasser bereits dreimal geschehen. Auch bei der Hinfahrt nach Zinnowitz am Morgen des 24. Juli 1891 will Jaeger auf demselben Curse wie am Nachmittage zwischen den beiden Steudern hindurch gefahren sein, während sein Steuermann damals außerhalb der drei Riffe geblieben zu sein behauptet und davon spricht, daß man als Seemann zu der Meinung kommen müsse, es sei besser und jedenfalls sicherer, außerhalb der beiden Steuder zu bleiben. Schiffer Hansen ist gleichfalls mit seinem 9½ Fuß tiefgehenden „Sequens" ohne Gebrauch der Peilstange zwischen den Steudern hindurch gefahren, indem er von Swinemünde oder Heringsdorf her vom Coserow-Steuder aus 10 Minuten NW steuerte, bis das Gasthaus am Walde sichtbar wurde, auf welches er dann zufuhr. Von Zinnowitz aus steuerte er auch nachts 20 Minuten Ost, bis er das Feuer von Swinemünde in

SSO hatte und dahin abhielt. Hansen selbst ist immer freigegangen, während sich sein Vorgänger vor Jahren einmal die Schraubenflügel abgebrochen hat. Früher lag der weiße Steuder des Coserow-Riffes etwa eine Seemeile nördlicher als jetzt und mehr nach den Vineta-Steinen zu, welche selbst nie bezeichnet waren. Dies eigentliche Vineta-Riff liegt nach der Karte

a. vom Streckelberge NNW ½ W, vom Coserow-Steuder NWzW ¼ W je 2 Seemeilen ab,
b. von Damerow-Försterei NzW ⅔ Seemeilen ab,
c. von Zinnowitz-Riff SzO 1 ½ Seemeilen ab,
d. von Zinnowitz-Bakentonne, wie sie wirklich liegt, S ½ W, 3 Seemeilen ab.

Auf allen drei Riffen liegen Steine. Auf Coserow-Riff sind sie vom „Nautilus" bei Mittelwasser im engen Umkreise und in Tiefen von 4,3⁸ und 3,⁹ m verzeichnet, während sie bei dem etwas größeren Riffe von Zinnowitz bis zu 1,9 m Wassertiefe emporkommen und daher mit einem Kreuz versehen sind. Die größte Ausdehnung und die meisten Steine hat das Vineta-Riff. Es erstreckt sich von Westen z. Norden nach Osten etwa ⅔ Seemeilen, von Nord nach Süden etwa ²/₉ Seemeilen. Am Westrande, von welchem hier alle Abstände gemessen sind, liegen die Steine 2,6 und 2,9 m, am Ostrande 3,1 und 3,2 m unter Wasser. Daneben und dazwischen sind Tiefen von 4—6 m. Zwischen den drei Bänken ist alles rein und frei mit Tiefen von 4 und 5 bis zu 10 und 11 m, sodaß die hier noch vorkommenden Steine lediglich im Grunde liegen und für Schiffe von dem Tiefgange des „Cuxhaven" keine Gefahr bieten. Die Stoßstelle des „Cuxhaven", wie sie vom Schiffer in seine Karte eingetragen ist, liegt in der Linie zwischen den beiden Steudern und zwar

a. vom Coserow-Steuder NNW ¼ W anderthalb Seemeilen ab,
b. vom Vineta-Riff OzN ½ N eine Seemeile ab,
c. von der angegebenen Bakenstelle der Loddiner Fischer NzO ⅓ Seemeile ab.

Der Ankerplatz des „Cuxhaven" oder richtiger wohl die Stelle, von welcher zuerst unter Volldampf ONO gesteuert wurde, ist in der Karte des Schiffers SWzW ½ W vom Zinnowitz-Riff eingetragen. Folgt man von hieraus den Cursen und zurückgelegten Entfernungen des Schiffes, so beträgt der Abstand von dem letzten Wendepunkte nach SO ½ O bis zur Stoßstelle nicht, wie der Schiffer angegeben hat, 1 ⅕ Seemeilen, sondern nur eine halbe Seemeile. Schiffer giebt zu, daß hier Ungenauigkeiten vorliegen mögen, da er seine Curse und

Distanzen erst nachträglich aus freier Hand ohne Parallel-Lineal und Zirkel auf der Karte abgesetzt habe. Während der Fahrt beaufsichtigte er die Curse und Distanzen von der Commandobrücke aus mit Uhr und Regelcompaß, und gab seine Befehle nur: „Steuerbord, bezw. Backbord"! sodaß sich der Bootsmann Schröder lediglich hiernach richtete, ohne nach seinem Steuercompaß zu sehen. Geloggt oder gelothet ist nicht, auch keine Peilstange gebraucht, noch Landpeilung genommen. Unweit der Stoßstelle sind auf der Karte 10,5 m Wasser und die Pause des „Nautilus" zeigt überall in dieser Gegend 8, 9, 10 und 11 m.

Der Schiffer, welchem der Stoß wie eine Erschütterung des Achterschiffes vorkam, rief von der Commandobrücke dem Steuermann zu: „Mein Gott, was war das!" Lohf wußte hierauf natürlich nicht zu antworten, sondern warf seine Geldtasche fort, zog sein Jaquet aus und rief zur Maschine hinunter: „Ist Wasser in der Maschine?" worauf auch ihm nicht geantwortet wurde, weil der Maschinenmeister Deicke und sein Gehülfe Gabriel nach oben gegangen waren und der andere Gehülfe Diebke den Ruf des Steuermanns nicht hörte. Lohf eilte nach dem hinteren Salon und sah von dort durch die beiden Luken auch nach dem Unterraum, ohne Wasser zu bemerken, was er dem hinzukommenden Schiffer mittheilte. Als der Steuermann alsdann nach dem vorderen Salon ging, sah er, daß durch die dortigen beiden Luken das Wasser von unten her gleich einem Springbrunnen heraufstieg, den Vorderraum füllte und das Schiff vorn wegzusinken drohte, während Maschinenraum und Achterraum vermöge der wasserdichten Querschotten lenz blieben. Lohf ging wieder nach dem Achterdeck und sah, daß die beiden Außenboote ins Wasser gelassen waren. Der Schiffer hatte sofort nach dem Aufstoß die Maschine stoppen lassen und war nach unten geeilt, ohne Wasser zu finden. Als er wieder auf die Commandobrücke kam und das Schiff vorn wegsinken sah, auch den Zuruf hörte, daß das Schiff vorn Wasser mache, befahl er die Boote zum Absetzen klar zu machen und ließ, seiner Angabe eine halbe Minute nach dem Stoppen, das Schiff langsam vorwärts den Fischern entgegen gehen, die er durch Nothsignal und Wehen mit dem Taschentuche herbeirief und deren Abstand er auf 3 Striche an Backbord 200—300 m entfernt abschätzt. Die Dauer dieses langsamen Vorwärtsfahrens giebt Diebke auf 2 bis 3 Minuten, Gabriel auf 5 Minuten, der Matrose Vogt auf 4 bis 5 Minuten an, indem er zugleich sagt, daß eine ganze Zeit gestoppt sei. Wie lange es dauert, bis das Schiff still steht, wissen die Maschinengehülfen nicht; auch die Maschine selbst braucht Zeit, ehe sie zum Stillstand kommt. In dieser Zeit, während der Schiffer das Herankommen der Fischer und das Wegsinken des Schiffes von der Brücke aus beobachtete, dann Korkwesten ausgab und sich selbst damit bekleidete, hatte die Mannschaft das Backbordaußenboot bis zur Regeling abgefiert und war dann zu gleichem Zwecke nach dem Steuerbordsboot gegangen, wo sie wegen des zwischenliegenden Sonnensegels das andere Boot nicht im Auge behalten konnte und dieses daher ohne alle seemännische Aufsicht gelassen war. Da stürzte die sehr starke und schwere Schiffswirthin Frau Berghauer aus der Küche des Vorderraumes mit dem Rufe an Deck: „Hülfe, das Schiff sinkt!" Sie sprang in das Backbordsboot, mit ihr zugleich ihr Sohn, ihre Stieftochter, ihr Dienstmädchen und der Mannschaftskoch. Von den Fahrgästen kam nur der Gastwirth Willer dazu. Dann ging die bis dahin gestoppte Maschine des „Cuxhaven" wieder an; der vordere Taljenläufer des Bootes slippte und der Bug des Bootes ging ins Wasser, während das Achterende am David hängen blieb. Personen und Sachen, namentlich auch Riemen und Duchten fielen in das Wasser. Frau Berghauer wurde vom Herzschlag getödtet, ihr Dienstmädchen und der Koch ertranken. Willer wurde nach längerem Umherschwimmen von den herbei gekommenen Fischern aufgenommen, welche auch die Leiche der Frau Berghauer herausholten, während die des Kochs kürzlich bei Memel angetrieben, das Dienstmädchen bisher nicht aufgefunden ist. Rettungsversuche vom Schiffe aus waren ganz unterblieben, weil jeder mit sich zu thun hatte, Schiffer und Steuermann aber von dem unglücklichen Zwischenfalle erst Kenntniß erhielten, als alles vorüber war. Die beiden Kinder der Frau Berghauer hatten sich selbst gerettet. Auch das Steuerbordsboot fiel herunter und schlug voll, wurde aber ausgeschöpft und fertig gemacht. Inzwischen waren sämmtliche Fahrgäste von den Fischern abgenommen; dann stieg auch Schiffer Jaeger in das Steuerbordsboot und untersuchte mit einem Bootsriemen die Tiefe um das Schiff, ohne auf 18 Fuß Grund zu finden, den der Steuermann erst mit 6 Faden lothete. Jaeger wollte an Bord zurück, konnte aber dies nicht ausführen, weil er zuerst das Schiff nicht einholen und dann nicht heran konnte, weil es immer mehr wegsank und der Ankerstock das Boot bedrohte. Der Steuermann brachte mit Hülfe der an Bord gebliebenen Besatzung — Maschinisten, Bootsmann, Matrosen, Heizer, Kellner — das Schiff rückwärts dem Strande zu, konnte denselben aber nicht mehr erreichen, weil das Schiff etwa eine halbe Seemeile vom Lande und 25 Minuten nach dem Aufstoßen in der Fahrinne auf 18—20 Fuß Wasser mit dem Bug zuerst unterging. Die Mannschaft rettete sich im letzten Augenblicke in das Boot. Das Wrack liegt zwischen Streckelberg und Vineta-Riff, von dem Westrande desselben, SO3S1/4O, 1,20 Seemeilen ab, vom Ostrande südlich etwa 3/4 Seemeilen ab. Der Taucher Böttcher zu Klüß fand bei einer bald nach dem Unfall vorgenommenen Untersuchung an Backbord in der zweiten Platte vom Kiel bei dem Fockmaste eine Beule mit einem Loche, welches er mit der Hand überspannen und vier Finger hineindrücken konnte. Späterhin bei den vom 29. Juli bis 19. August durch die dänischen Dampfer „Helsingör" und „Oresund" vorgenommenen Bergungsversuchen vermochte der Taucher eine Beschädigung nicht zu finden, weil das sehr flach gebaute Schiff aufrecht auf dem Meeresboden stand. Es brach dann beim Heben in sich zusammen, da es den Druck der Pontons nicht aushalten konnte. Es ist zweifelhaft geblieben, ob das Schiff zu retten war, wenn es sofort dem Lande zugesteuert und das Pumpenwerk in Gang gebracht wurde. Schiffer Jaeger spricht nur von einer einzigen kleinen Lenzpumpe, die ihrer Unzulänglichkeit wegen garnicht angesetzt sei, und auch der Baumeister Bräunlich meint, daß selbst mit Hülfe aller Pumpen das Schiff voraussichtlich nicht an das Land zu bringen gewesen sei.

Ueber das Verhalten des Schiffers sind in den Aussagen und besonderen Eingaben der Fahrgäste heftige Beschwerden erhoben worden. Man macht ihm nicht nur den Unfall selbst zum Vorwurfe, sondern beschuldigt ihn auch nach demselben der äußersten kopflosen und sprachlosen Aufregung und Bestürzung, wodurch die größte Verwirrung und Unordnung herbeigeführt sei. Sogar von Trunkenheit ist gesprochen worden, diese Beschuldigung aber zweifellos widerlegt, da Schiffer Jaeger nach Aussage der Zeugen Willer und Schmidt ganz nüchtern gewesen ist. Hiermit stimmt die Aussage der Frau Becker, daß der Schiffer von der furchtbaren Aufregung und dem allgemeinen Durcheinander mehrfach abgemahnt habe: „Ruhe, Ruhe, es ist nicht so schlimm!" Er sah wohl bleich, aber gefaßt aus, konnte jedoch „in der großen Aufregung, besonders da auch die vielen Kinder heftig schrien", keine Ruhe erzwingen. Auch der Fabrikbesitzer Schmidt aus Wolgast, ein recht kaltblütiger und scharf beobachtender Zeuge, nimmt sich des Schiffers an, der keineswegs den Kopf verloren, sondern alles gethan habe, was nach Lage der Sache geschehen konnte, und sich gefaßt benommen habe, obwohl er offensichtlich bestürzt gewesen sei. Bemerkbar wurde letzteres dadurch, daß Jaeger nach dem Aufstoße den Zeugen ansah. Dieser sagte: „es sind Steine, immer flink stoppen!" Der Schiffer commandirte: „stopp!" lief hinunter, kam nach etwa einer Minute wieder nach oben und commandirte: „vorwärts!" wobei er dem Zeugen sagte, das Schiff könne in wenigen Minuten wegsinken. Schmidt erwiderte, dann sei es doch besser, zwischen den Steinen zu bleiben. Das Schiff machte mit 5—6 Schlägen eine langsame, von Jaeger aufmerksam verfolgte Drehung nach See zu. Der Schiffer, welcher mit der Dampfpfeife mehrere Signale gegeben hatte, ließ dann wieder stoppen und verließ abermals die Commandobrücke, welche er, so lange der Zeuge oben war, nicht wieder betreten hat. Schmidt beobachtete den Steven nach der Uhr und kam zu der Ueberzeugung, daß das Schiff noch eine halbe Stunde über Wasser bleiben könne; da dasselbe aber etwas nach Steuerbord überholte, so verschaffte er sich nicht ohne energisches Fordern von einem der Leute eine Korkweste, schnallte dem Schiffer gleichfalls eine solche um und ging in ein Fischerboot. Unter den Fahrgästen war eine Panik ausgebrochen, welche in wirrem Durcheinanderlaufen und Geheul sich kund gab; doch ging das Abbooten, soweit der Zeuge es beobachtet hat, in Ordnung von statten, obwohl der Zeuge eine Betheiligung der Schiffsofficiere oder Mannschaften dabei nicht bemerkt hat.

Dieser Aussage stehen in Mehrzahl andere gegenüber, welche dem Schiffer jede Herrschaft über die Sachlage absprechen. Sagt doch der Kaufmann Julius Wilken, der übrigens ein Festrennen des Schiffes in dessen Mitte vom Eindrucke des Stoßes herleitet, geradezu, daß nicht der Schiffer, sondern ein Fräulein Vogelsang das Stoppen der Maschine und das Ertönen des Nothsignals veranlaßt habe. Fräulein Vogelsang selbst hat davon nichts bekundet; ob aus Bescheidenheit oder weil sie wirklich nichts gethan hat, ist unaufgeklärt geblieben. Dem Zeugen Wilken schien der Schiffer ganz kopflos zu sein; derselbe hatte sich selbst zuerst mit einem Schwimmgürtel versehen und ließ solche für die Fahrgäste erst auf die energische Forderung des Zeugen Schmidt heraufschaffen. Die Mannschaft war nicht zu sehen, kein Boot zur Hand, auch nach dem Ausspruche des Schiffers nicht herunter zu bekommen, nirgend Ordnung, Leitung, noch beruhigender Einfluß, daher auch das Einsteigen in die Fischerboote so wirr und überstürzt, daß Wilken selbst ein Boot mit 17 Personen abstieß, um Ueberfüllung zu vermeiden. Auch Lange schildert den Schiffer als so verstört, daß er nicht im stande gewesen sei, den Fahrgästen die verlangte nähere Auskunft über das Vorkommniß zu geben. Der Zeuge vermißte in dem Verhalten des Schiffers und der übrigen Mannschaften jede Ruhe und Besonnenheit. Das Personal lief kopflos durch einander, das Ausbooten, wobei die Fahrgäste völlig sich selbst überlassen blieben, ging nicht in gehöriger Ordnung vor sich und wurde durch den Zwischenfall des Backbordsbootes die Aufregung der Fahrgäste auf das höchste gesteigert, ohne daß zur Beruhigung etwas geschehen wäre. In solchem Tone gehen die Anklagen fort. Es wird durchweg von äußerster Aufregung und Verwirrung gesprochen, die namentlich durch den Mangel jeglicher Aufklärung und Hülfeleistung seitens des Schiffers und seiner Leute hervorgerufen sei. Dem Schiffer wird nachgesagt, daß er von Schreck und Aufregung kreidebleich und sprachlos geworden sei, alle Fragen der Fahrgäste und das Rufen nach den Rettungsbooten unbeantwortet, keine Kaltblütigkeit bewiesen, den Fahrgästen erfolglose Versuche zum Losschneiden der Boote überlassen und einen entschieden beunruhigenden Eindruck gemacht habe. Landschaftssyndikus Rietzsch aus Görlitz bezeugt die allgemeine Empörung der Fahrgäste über den Schiffer, der seine Unkenntniß des Fahrwassers selbst zugegeben habe und über seine ungeschulte, nur auf Rettung ihrer Habe bedachte Besatzung. Daß der „Cuxhaven" dem Vineta-Riff zu nahe gekommen und auf dasselbe gestoßen sei, hat Rietzsch nach dem Unfall aus Aeußerungen der Coserow'er Fischer und eines Officiers vom „Nautilus" entnommen und ist ganz verwundert gewesen über einen Aufruf in den Zeitungen, durch welchen längere Zeit nach dem Unfall für das Auffinden eines Steines außerhalb des Vineta-Riffs eine Belohnung ausgesetzt wurde. Rietzsch hat dann auch bei der Königlichen Staatsanwaltschaft Anzeige gemacht.

Dieser Thatbestand ist festgestellt durch eine große Anzahl von Zeugenvernehmungen sowie durch Augenscheinnahme des Strandungsortes. Das Schiffstagebuch und die Deviationstabelle sind bei dem Unfall verloren gegangen.

Der Reichscommissar geht davon aus, daß der „Cuxhaven" auf Vineta-Riff gestoßen und dies um so unverantwortlicher sei, da sichtige Luft und bestes Wetter war. Die Fahrt zwischen den Banken habe Jaeger ohnehin auf eigene Gefahr unternommen, mußte also um so vorsichtiger und seiner Sache sicher sein. Er habe nicht nach Landpeilungen noch nach der Karte, sondern nach der Uhr gesteuert, ohne die Curse abzusetzen, was man nur dann ebenfalls erklären könnte, wenn Jaeger wirklich betrunken gewesen wäre.

Werde durch ein solches Drauflosfahren schon ein bedenklicher Mangel an Umsicht und unentbehrlicher Vorsicht an den Tag gelegt, so habe Jaeger auch nach dem Aufstoße nicht die richtige Haltung bewahrt, sei erst durch den Zeugen Schmidt auf das Stoppen hingewiesen und habe die Fahrgäste völlig im Stiche gelassen, sodaß alles aus Rand und Band gegangen sei, und die Fahrgäste, die einen tüchtigen Schiffer wie einen Gott verehrten, zu Dankadressen gern bereit seien, von anklagender Erbitterung gegen Jaeger überströmten. An dem Tode der drei Verunglückten sei der Schiffer nicht schuldig, möge auch um der Fahrgäste willen recht daran gethan haben, daß er auf die Fischer zusteuerte, aber wenn der Seemann durch seinen Beruf dahin gebracht werde, sein Leben auf das Spiel zu setzen und sich als zum Ertrinken bestimmt zu betrachten, so wolle man doch Vergnügungsfahrten und Erholungsreisen nur unter vollkommen zuverlässiger Schiffsleitung unternehmen. Weil aber Schiffer Jaeger augenblicklich nicht im stande sei, ein Schiff sicher zu führen, so beantragt der Reichscommissar, demselben die Befugniß zur Ausübung des Schiffergewerbes zu entziehen, für das Steuermannsgewerbe aber zu belassen.

Schiffer Albert Jaeger, zu Rügenwaldermünde wohnhaft und dort am 23. März 1853 geboren, ist evangelisch und hat das Befähigungszeugniß als Schiffer auf großer Fahrt vom 2. April 1879. Er wurde wegen der am 21. October 1879 unter seiner Führung erfolgten Strandung der Bark „St. Jan" vom hiesigen Seeamt zur Verantwortung gezogen, durch den Spruch desselben vom 4. December 1880 aber entlastet. Jaeger giebt zu, daß er nur dreimal zwischen den Banken gefahren und mit der Gegend nicht vertraut sei, doch habe er sich nach Uhr und Compaß in freiem und sicherem, von ihm selbst und Andern vielbenutzten Fahrwasser geglaubt und um so mehr darauf verlassen, als die Deviation erst kurz zuvor bestimmt und ein Aufstoßen auf Vineta-Riff durch seine Curse und Distanzen völlig ausgeschlossen, der Unfall lediglich durch Anlaufen an einen unbekannten Gegenstand zu erklären sei, wovon auch die Fischer gesprochen hätten. Er sei nur besorgt gewesen, von Zinnowitz-Riff frei zu bleiben und habe trotz des niedrigen Wasserstandes die Vineta-Bank für unschädlich gehalten, da ihre geringste auf der Karte angegebene Tiefe von 2,5 m immer noch mehr gewesen sei, als der „Cuxhaven" brauchte.

Für die seeamtliche Beurtheilung kommt es vor allem darauf an, wo und worauf der „Cuxhaven" gestoßen ist. Die vom Schiffer angenommene und nachträglich in die Karte eingetragene Stelle des Grundstoßes ist durch keine irgend greifbaren und überzeugend festgestellten Umstände nachgewiesen. Was dafür von einigen Zeugen vorgebracht ist, erscheint ebensowenig beweisend, wie die alte Sage von der Kirchthurmspitze Vineta's, die plötzlich emporsteigend, ebenso schnell mit dem leckgestoßenen Schiffe wieder versinkt. Ob und wieweit solche Bemühungen dem Schiffer zu Hülfe zu kommen, durch den vom Zeugen Rietzsch bekundeten Aufruf beeinflußt sind, mag dahingestellt bleiben. Jedenfalls konnten die Aussagen der Coserow'er Fischer Johann Krüger, Adolph Dehn und Ernst Knüppel vom Seeamt auch unbeeidet als richtig angenommen werden, da sie für die Beurtheilung der Sache völlig einflußlos sind. Diese Zeugen wissen nicht, wo und worauf das Bootsschwert gestoßen ist, noch woran Ankertau und Leine festgesessen haben. Das kann sehr wohl ein Netz oder treibendes Seegras gewesen sein; auch passen die Tiefen von 5 und 15 Fuß nicht zu dem Tiefgange des „Cuxhaven" noch zu der Stelle des Lecks. Die Aussagen der Fischer Lewerenz, Friedrich Krüger und Schievelbein sind persönliche Meinungen ohne thatsächlichen Anhalt und daher nicht überzeugender, als die Angaben des Schiffers selbst. Dieser hat sich auf Uhr und Compaß als einzige aber untrügliche Wegweiser berufen. Sollten sie das sein, so mußten sie mit peinlichster Genauigkeit zur Anwendung gebracht werden und mit der Wirklichkeit übereinstimmen. Aber der Schiffer hat nicht einmal die Karte zur Hand genommen, um Curs und Distanz während der Fahrt nachzuprüfen und abzusetzen, sondern im Gespräche mit Fahrgästen sich begnügt, dem Bootsmann am Steuerrade dann nnd wann ein Commando zuzurufen, sodaß auch Schröder den Compaß garnicht angesehen hat und von den gesteuerten Cursen nichts weiß. Das genügt wohl im genau bezeichneten Fahrwasser zwischen Bojen und Tonnen, aber nicht in einem mit blinden unbezeichneten Steinriffen gefülltem Gewässer, wo jede Abweichung von der angenommenen Fahrlinie das Verderben bringen kann. An Ungenauigkeiten und Widersprüchen fehlt es denn auch nicht. Der Schiffer sagt selbst, daß man zuerst die Bakentonne des Zinnowitz-Riffes angesteuert und etwas rechts gehabt habe, während doch der Curs ONO dieselbe an Backbord läßt. Ebenso auffallend ist es, daß der Abstand von der letzten Wendung nach SO½O bis zu der vom Schiffer in die Karte eingetragenen Stoßstelle nur eine halbe Seemeile beträgt, während nach Curs und Distanz 1,2 Seemeilen herauskommen. Wenn der Schiffer zur Entschuldigung angiebt, daß er die Curse ohne Parallel-Lineal und Zirkel nachgetragen habe und dabei wohl Ungenauigkeiten vorgekommen seien, so spricht das um so mehr gegen die Zuverlässigkeit von Angaben, auf deren genaueste Uebereinstimmung mit der Wirklichkeit eben alles ankommt. Die Angabe, daß man bei der Wendung nach SO½O den Coserow-Steuder in SOzS vor sich gehabt habe, könnte erheblich erscheinen, wenn nicht durch den Zusatz: „etwa" die nothwendige genaue Compaßpeilung auch hier in eine bloße ungefähre Schätzung verwandelt und dadurch unsicher würde. Daß der Zeuge Schmidt nach dem Aufstoßen den Coserow-Steuder über dem Bugspriet recht oder etwas rechts voraus sah, beruht auf der Stellung des Zeugen an Backbord und dem Aufdrehen des SO anliegenden Schiffes nach Osten in Folge des Stoßes. Dasselbe Aufdrehen würde an der Stoßstelle des Schiffes den Steuder ganz an Steuerbord gebracht haben. Die Wahrnehmung des Fabrikbesitzers Schmidt spricht also mehr gegen als für den Schiffer. Zu dessen Ungenauigkeiten gehört auch der merkwürdige Umstand, daß die von dem Schiffer in die Karte eingezeichnete Stelle des Grundstoßes auf der nachgeprüften und berichtigten Handzeichnung des Vorsitzenden NzO vom Fischerorte ⅓ Meile ab, also seewärts liegt, während von allen darüber gehörten Zeugen das Gegentheil bekundet wird. Wenn der Schiffer darauf beharrt, daß die Fischer weiter nach See hinaus gelegen hätten, als von ihnen bei der Besichtigung am 8. October 1891 angegeben sei, so fällt dagegen schon die besondere Uebereinstimmung der Compaßlinien ins Gewicht, wodurch die sichere Ortskenntniß der Fischer auf das beste bewährt wird. Sie sind völlig unbetheiligt, mit den Kreuzpeilungen zum Auffinden ihrer Angeln von Jugend auf vertraut und daher glaubwürdiger, als der auf das stärkste bei der Sache in Mitleidenschaft versetzte Schiffer, dessen Curse und Distanzen, wenn auch in bestem Glauben, doch nachträglich zurechtgelegt und von dem Bestreben erfüllt sind, den Ort des Grundstoßes sammt dessen Urheber an einer Stelle zu finden, wo sie gar nicht sein können.

Es fehlt nicht nur an beweiskräftigen Thatsachen dafür, daß der „Cuxhaven" im offenen vielfach benutzten Wasser von 10,5 m Tiefe auf einen bis dahin unbekannten Stein, ein Wrack oder einen andern Gegenstand gestoßen ist, sondern es wird geradezu die Unmöglichkeit solcher unheimlichen Ursache des Unfalls dadurch festgestellt, daß Sr. Majestät Vermessungsschiff „Nautilus" bei mehrtägiger sorgfältigster Durchforschung und Aufmessung der ganzen Vineta-Gruppe weder an der vom Schiffer bezeichneten Stelle, noch sonst zwischen den Banken irgend etwas Stoßbares, sei es festliegend oder umhertreibend, entdeckt oder aufgefunden hat, woran oder worauf „Cuxhaven" sich leck gerannt haben könnte. Mit Recht ist sowohl vom Gutachter Eich wie vom Reichscommissar hervorgehoben worden, daß an der Stoßstelle des Schiffes ein Stein von 7,5 m bis zu 8 m Höhe mit entsprechender Grundtiefe und Umfang gelegen haben müßte, ein solches Felsengebirge aber doch nicht so über Nacht entstehen und wegkommen könne. Der Schiffer geräth mit sich selbst in Widerspruch, indem er den Unfall an eine Stelle verlegt, über welche alle Schiffe und noch am Vormittag des 24. Juli 1891 der vielleicht am flachsten gehende „Cuxhaven" selbst ungefährdet hinweg gefahren sind und hinweg fahren mußten, um zwischen den Banken hindurch in das Freie zu kommen. Da wäre der Stein ebenso schnell emporgestiegen, als wieder versunken und bliebe zur Lösung des Räthsels denn doch nur die Kirchthurmspitze Vinetas übrig. Der Schiffer hat denn auch schließlich den Stein ganz fallen lassen und nur noch ganz im allgemeinen von einem unbekannten Gegenstande gesprochen. Ein Wrack kann es auch nicht gewesen sein, denn das schwimmt doch auch nicht umher, sondern bleibt erst recht liegen, und auf Vineta sind, soviel bekannt, seit Jahren keine Schiffe zu Grunde gegangen. Von andern Gegenständen ist auch nichts zum Vorschein gekommen und die Beschaffenheit des Lecks, die man herangezogen hat, ist einestheils nicht näher untersucht und kann andrerseits sehr wohl durch Stoßen gegen eine vorspringende scharfe Steinkante und sofortiges Zurückprallen entstanden sein. Der „Nautilus" hat aber in der ganzen Vineta-Gruppe nichts Fremdes und Unerwartetes, vielmehr alles, was nicht unmittelbar zu den Banken selbst gehört und als unfahrbar allgemein angesehen wird, vollkommen rein und frei gefunden.

Gegenüber solcher Unmöglichkeit des Aufstoßes an anderer Stelle bleibt nur noch das Vineta-Riff als Unfallsstelle übrig, wofür die handgreiflichste Möglichkeit in den Cursen und Distanzen des Schiffers von selbst gegeben ist, sobald sie nur in geringem Grade von der Wirklichkeit abweichen. Dafür aber, daß dies wirklich der Fall ist, liegen triftige Gründe vor. Man braucht nur, um bei dem Aufsteuern von der Abfahrtsstelle die Zinnowitzer Bakentonne an Steuerbord zu behalten, etwas nördlicher anliegen oder mit Rücksicht auf die Nähe des Ankerplatzes am Lande und den weiten Bogen der Abfahrt deren Ausgangspunkt ein wenig rückwärts zu verlegen, so kommt man mit der Wendung nach SO½O ebenso sicher auf Vineta-Riff, als wenn man die abgelaufenen Distanzen um ein Geringes verkürzt oder die Biegung nach OzS etwas flacher nimmt, wozu durch die Aussagen der Fahrgäste hinreichende Veranlassung gegeben ist. Der Steuermann giebt die Fahrzeit auf eine Viertelstunde, den zurückgelegten

Weg auf 2—2½ Seemeilen an, der Schiffer auf 19 Minuten und 3,75 Seemeilen. Es kommt dabei sehr in Betracht, daß weder geloggt noch gelothet, weder Peilstange noch Landpeilung zur Anwendung gebracht ist, wozu dringende Veranlassung gegeben war, als man nach der letzten Wendung sich Damerow gegenüber sah, während man nach den Cursen und Distanzen des Schiffers auf der Höhe des Streckelberges sein sollte. Es verdient hervorgehoben zu werden, daß bei dem Auflaufen auf Vineta-Riff der letzte Curs SO½O mit einer ganzen Seemeile zu seinem Rechte kommt, welches ihm in der Karte des Schiffers bis auf eine halbe Seemeile beschnitten war. Die Möglichkeit des Aufstoßens auf Vineta-Riff wird durch die Aussagen der Loddiner Fischer zu einer an Gewißheit grenzenden Wahrscheinlichkeit. Sie sahen den „Cuxhaven" vom Riffe her auf sich zukommen; daß er ihnen nahe und vom Riffe frei erschien, erklärt sich durch die inzwischen zurückgelegte Strecke. Das Schiff war mit seinen 12 Knoten Fahrt nicht so schnell zum Stehen zu bringen und dann schon wieder vorwärts auf die Fischer zugefahren, bevor diese durch das Nothsignal aufmerksam wurden. Zur völligen Ueberzeugung, daß die Unfallsstelle auf dem Vineta-Riffe zu suchen ist, gelangt man durch die Aussagen der Zempiner Fischer Schütt, Walter und Awe, welche den „Cuxhaven" westlich herankommen und westlich von ihren auf dem Riffe liegenden Angeln stoppen sahen, bei denen seine Bootsbretter dann gefunden wurden. Das schwarze Fähnchen dieser Zeugen ist offenbar das runde und in der Sonne weißglänzende Fähnchen der Fahrgäste. Auch die Lage des Schiffes gegenüber Damerow sowie die jetzige Lage des Wracks spricht für Vineta-Riff. Man könnte versucht sein, den unbekannten Stein des Schiffers an den Ostrand des Riffes in 3,1 und 3,2 m Tiefe, kaum eine halbe Seemeile von den Loddiner Fischern und in ihrer Gesichtslinie nach SWzW zu verlegen, doch hat das Seeamt die Ueberzeugung gewonnen, daß der „Cuxhaven" auf den Stein gestoßen ist, welcher in der Karte des Schiffers mit 2,5 m, in der „Nautilus"-Pause mit 2,6 m Wassertiefe am Westrande verzeichnet ist. Entscheidend hierfür ist es, daß der „Cuxhaven" bereits stoppte, als er noch westlich von den Angeln der Zempiner Fischer lag. Die Wassertiefe von 3,1 und 3,2 m mochte dem „Sequens" mit seinen 9½ Fuß Tiefgang gefährlich werden, aber trotz des niedrigen Wasserstandes nicht dem flachgebauten „Cuxhaven". Im übrigen ist es für die Beurtheilung der Schiffsleitung gleichgültig, auf welcher Stelle des Vineta-Riffs „Cuxhaven" gestoßen hat, da das Riff doch unter allen Umständen zu vermeiden war. Auf seine Haffkarte von 1878, die er nicht einmal eingesehen hat, kann sich der Schiffer gewiß nicht berufen, da sie für die Fahrt zwischen den Banken nicht bestimmt ist, sondern nur deren Ort und Umriß nebst den wichtigsten Punkten, nicht aber wie die dreifach größere „Nautilus“-Pause alle kleinsten Einzelheiten angiebt, vielmehr hauptsächlich darauf ausgeht, durch die Lage der Seezeichen die Schiffe außerhalb der Banken zu halten.

Um so mehr fällt dem Schiffer durch das Aufstoßen auf Vineta-Riff eine schwere Verantwortung zur Last. Sie beginnt schon damit, daß er ohne rechte Kenntniß der Oertlichkeit und ohne zwingende Nothwendigkeit, wofür die bloße Bequemlichkeit des Wendens gewiß nicht gelten kann, mit mehr als 60 Menschen, darunter 40 Badegästen, in ein nicht unbedenkliches, von blinden Klippen besäumtes Gewässer hineinsteuerte, vor welchem er durch amtliche Bekanntmachungen und durch die Seezeichen selbst eindringlich gewarnt war. Von Mängeln des Fahrwassers oder der Karten kann da keine Rede sein, wo gar kein Fahrwasser für größere Schiffe vorhanden ist. Die amtliche Fürsorge für die Schiffahrt war durch die beiden Seezeichen hinlänglich bethätigt. Daß die Bakentonne des Zinnowitz-Riffes anders liegt, als sie auf der Karte verzeichnet ist, hat auf den Unfall und dessen Folgen gar keinen Einfluß gehabt und kommt daher hier nicht weiter in Betracht. Wer sich an die Seezeichen nicht kehrt, mag sehen, wie er durchkommt und muß den Spruch gegen sich gelten lassen: „Wer sich in Gefahr begiebt, kommt darin um“. So lange es gut geht, hat niemand etwas zu sagen, wer aber zu Schaden kommt, muß vor seinem Richter stehen und hat es für alle mit zu verantworten. Darum kann Schiffer Jaeger sich damit nicht entlasten, daß auch andere denselben Weg eingeschlagen haben. Sie waren klug genug, sich dabei nicht zu versteuern. Schiffer Jaeger ist in der Ausführung des Wagnisses seinen Genossen nicht gefolgt, sondern seinen eigenen Weg gegangen. Wäre er, wie jene, nach Landmarken steuernd im hohen Bogen, statt in gerader und flacher Linie am Vineta-Riffe vorbeigefahren und hätte er wie der „Sequens“ den Ostcurs solange beibehalten, bis er den Coserow-Steuder im Westen hinter sich hatte, so mußte er unbedingt freigehen und hatte seine Aufgabe gelöst. Es war sein schwerwiegendes Versehen, daß Schiffer Jaeger im scharfen Haken nach SO ½ O abhielt, ohne seinen Schiffsort sorgfältig festzustellen, während er den Coserow-Steuder in SO z S hatte oder doch zu haben glaubte, sich also immer noch so nahe am Vineta-Riff schätzen mußte, daß er mit kleinem Besteckfehler darauf kommen konnte und in der That gekommen ist.

Diese an sich schon sehr erhebliche Verschuldung des Unfalls hat der Schiffer durch sein Verhalten nach dem Aufstoße nicht aufgewogen. Bringt man einerseits die unvermeidlichen Uebertreibungen der auf das äußerste erregten Fahrgäste in Abzug, andrerseits den Schreck des Schiffers und das plötzliche Bewußtsein selbst heraufbeschworener Verantwortung in Anschlag, so bleibt immer noch genug übrig, um den Schiffer der von seiner eigenen schlimmen Unbedachtsamkeit verursachten Lage nicht gewachsen erscheinen zu lassen. Fräulein Vogelsangs seemännische Thätigkeit klingt freilig mehr romantisch und sagenhaft, als wahrscheinlich und was Fabrikbesitzer Schmidt vom Stoppen erzählt, ist wohl mehr ein Ausdruck des eigenen Selbstbewußtseins, als ein sicherer Beweis der Rathlosigkeit des Schiffers. Immerhin steht fest, daß Schiffer Jaeger nicht die rechte Zucht und Ordnung aufrecht zu erhalten wußte, den Fahrgästen nicht Rede gestanden, sie vielmehr im Stiche und sich selbst überlassen, dadurch ihr unentbehrliches, ohnehin schon erschüttertes Vertrauen ganz verloren, dafür heftige Erbitterung gegen sich, maßlose Verwirrung und Aufregung hervorgerufen hat. Man wird von der Schilderung der Zustände an Bord nach dem Aufstoße zu der Frage gedrängt, was wohl daraus geworden wäre, wenn statt der 40 Fahrgäste sich deren 200 auf dem sinkenden Schiffe befunden hätten. Zuzugeben ist, daß dem Schiffer nicht eben viele Kräfte zu gebote standen; aber um so mehr mußte er sie in der Hand behalten und durch Freiwillige aus den Fahrgästen, wie Wilken, Rietzsch, Schmidt, Volkmar zu verstärken suchen. Das Vertrauen, welches er durch den Aufstoß eingebüßt hatte, konnte er bald wieder gewinnen und sich unbedingten Gehorsam verschaffen, sobald er durch kaltblütiges, klar besonnenes und thatkräftiges Handeln bewies, daß er der Sache Herr war, indem er Korkwesten vertheilte, die Rettungsboote gebrauchsfertig machen, vor allem die Pumpen ansetzen ließ und die übereilte und weit übertriebene Aeußerung: „Das Schiff sinkt in wenigen Minuten!“ sorgfältig vermied. Dann hätte auch vielleicht das Unglück abgewehrt werden können, daß drei Personen ins Wasser fielen und zu Tode kamen. Den Schiffer trifft hierfür seemännisch kein Verschulden, da er nicht überall sein, noch jede Ausgeburt der Angst und Aufregung zurückhalten konnte, der Zwischenfall aber nicht durch seine Handlungen oder Unterlassungen, noch das Sinken des Schiffes, sondern lediglich durch übereilte Eigenmächtigkeit der Verunglückten herbeigeführt ist. Aber diese Eigenmächtigkeit ist ein trauervolles Zeichen wilder Zerfahrenheit, die der Schiffer zu bewältigen oder doch zu zügeln nicht im stande war. Daß er alles daran setzte, um die Fischerboote zu erreichen, entsprach der Sachlage und ist um so weniger zu tadeln, als im ersten Augenblicke niemand ermessen konnte, wie lange das Schiff noch über Wasser bleiben werde, und ob es selbst mit Hülfe der Pumpen möglich sei, an den Strand zu kommen; aber daß der Schiffer die Pumpen garnicht anstellen ließ und nur von einer einzigen unzulänglichen Pumpe spricht, giebt denn doch gegenüber der Aussage des Baumeisters Bräunlich einen recht bedenklichen Beweis dafür, wie wenig Jaeger sich mit den Einrichtungen und Hülfsmitteln des ihm anvertrauten Dampfers bekannt gemacht hatte. Er würde beim Ansetzen der Pumpen schon durch das Verhältniß des ausgepumpten zu dem einströmenden Wasser sehr bald die Ueberzeugung gewonnen haben, daß sein Schiff, welches ohne Pumpen noch eine halbe Stunde schwamm, mit denselben gewiß so lange zu halten war, um in das seichte Wasser am Strande zu gelangen. Das Verlassen des Schiffes vor der übrigen Besatzung sah mindestens nicht gut aus und wird nicht recht begründet durch ein fruchtloses Peilen der Tiefe, welches der Steuermann vom Bord aus mit dem Loth weit besser bewerkstelligte. Uebrigens hatte es wenig zu bedeuten, da das Schiff sich von der Stoßstelle längst entfernt hatte. Wassertiefen von 10—11 m finden sich auch zwischen Riff und Fischerstelle und zwar gerade nach dem Wrack zu.

Wenn man erwägt, daß Schiffer Jaeger seinen Dampfer bei schönstem Wetter und glatter See durch unbedachtes Hineinsteuern zwischen blinde Klippen ohne rechte Kenntniß der Oertlichkeit und sorgliche Benutzung aller Bestecksmittel auf das Riff und zum Sinken brachte, während seine Stellung als Führer eines Passagierdampfers ihm die vorsichtigste Vermeidung unnöthiger Gefahr an das Herz legte, daß er auch nach dem Unfall der Lage nicht voll und ganz gewachsen war, so ist dadurch ein Mangel der zur Ausübung des Schiffergewerbes erforderlichen Eigenschaften zu Tage getreten und mußte auf Antrag des Reichscommissars und mit Rücksicht auf die Schwere der Verschuldung dem Schiffer Jaeger die Befugniß zur Ausübung des Schiffergewerbes entzogen werden. Dem Seeamt ist dieser Spruch nicht leicht geworden, weil der Schiffer Jaeger unter seinen Fachgenossen beliebt und wohlberufen ist, auch persönlich durch seine Haltung einen guten Eindruck gemacht hat. Aber die Sicherung des Personenverkehrs auf den Passagierdampfern, die von diesem Gesichtspunkte aus erheblich sich vergrößernde Verantwortlichkeit des Schiffers und daher auch seine Verschuldung fordern die unnachsichtige

Strenge der Beurtheilung heraus und drängen jede persönliche Berücksichtigung in den Hintergrund.

Dem Steuermann und dem Maschinisten ist kein Verschulden nachgewiesen, vielmehr ihr und der übrigen Leute Ausharren bis zum letzten Augenblicke als rühmliche Pflichttreue anzuerkennen. Auch am Schiffe selbst sind keine Mängel der Bauart, Beschaffenheit, Ausrüstung, Beladung oder Bemannung festgestellt, die auf den Unfall hätten einwirken können. Der Schiffsrumpf hätte, wenn er irgendwie morsch war, viel schlimmer beschädigt werden müssen durch einen Stoß gegen die Außenhaut bei voller Dampfkraft, durch dessen Anprall auch das stärkste und bestgebaute Schiff leck werden konnte. Das spätere Zusammenbrechen bei den Hebungsversuchen kann auf den Unfall nicht zurückbezogen werden. Die Rettungsboote standen nach Seemannsbrauch auf Deck und waren gegen die Witterung geschützt. Ihre sofortige Benutzung wurde dadurch, daß die Mannschaftsboote in den für die andern bestimmten Davids hingen, nur unwesentlich beeinträchtigt, Unordnung und Unbrauchbarkeit der Taljen ist nicht erwiesen. Pumpen waren genug da, wenn der Schiffer sie nur gekannt und benutzt hätte. Die Querschotten waren wasserdicht verschlossen, Korkwesten und Ringe für die zur Zeit des Unfalls an Bord befindlichen Personen genügend.

---

Die Entscheidung des Ober-Seeamts lautet:

Auf die Beschwerde des Schiffers Albert Jaeger zu Rügenwaldermünde gegen den Spruch des Königlich preußischen Seeamts zu Stettin vom 22. October 1891 über den Seeunfall des Dampfschiffes „Cuxhaven" von Hamburg, hat das Kaiserliche Ober-Seeamt in seiner zu Berlin am 7. April 1892 abgehaltenen öffentlichen Sitzung nach mündlicher Verhandlung der Sache entschieden,

> daß der Spruch des Königlich preußischen Seeamts zu Stettin vom 22. October 1891 zu bestätigen sei und der Beschwerdeführer die baaren Auslagen des Verfahrens zu erstatten habe.

Gründe. Das Ober-Seeamt hält es für zweifellos, daß das Dampfschiff „Cuxhaven" auf Vineta-Riff und nicht, wie der Beschwerdeführer glauben machen will, auf ein bisher unbekannt gebliebenes anderes Schiffahrtshinderniß aufgelaufen ist. Wenn der Beschwerdeführer zur Unterstützung dieser letzteren Annahme darauf hingewiesen hat, daß der Unfall sich erst ereignet habe, nachdem der „Cuxhaven" bereits 25 bis 30 Minuten in voller Fahrt gewesen sei, zu einer Zeit also, wo er nach seiner Geschwindigkeit über die Vineta-Bank bereits längst hinaus gewesen sein müsse, so ist dem entgegenzuhalten, daß der „Cuxhaven“ sich nach dem Loskommen vom Anker nicht sofort in volle Fahrt setzen, sondern dazu erst sehr allmälig übergehen konnte, zumal das Fischen, Katten und Aufsetzen des Ankers ganz mittels Handbetriebs ausgeführt wurde, also längere Zeit dauern mußte.

Die jene Annahme des Beschwerdeführers unterstützenden Aussagen einiger Fischer fallen nicht in's Gewicht, sowohl weil ihnen anders lautende gegenüberstehen, als auch hauptsächlich, weil diese Aussagen sich sämmtlich erst auf den Zeitpunkt beziehen, wo auf dem „Cuxhaven“ bereits Nothsignale gegeben wurden, das Auflaufen also bereits erfolgt und das Schiff vom Grunde wieder abgekommen war. Auch ist es nicht wohl möglich, von einem Boote aus in freiem Wasser die Stelle eines Ereignisses genau zu bezeichnen, das wahrnehmbare Spuren nicht hinterlassen hat. Endlich haben genaue Untersuchungen durch S. M. Vermessungsfahrzeug „Nautilus“ zweifellos ergeben, daß in der Gegend, wo der „Cuxhaven“ aufgelaufen ist, andere, als die bereits seit lange bekannten und in den Karten angegebenen Schiffahrtshindernisse nicht vorhanden sind. Insbesondere erscheint es ausgeschlossen, daß dort ein so großer Stein oder ein anderer fester Gegenstand, der dem nur etwa 8 Fuß tief gehenden „Cuxhaven“ hätte gefährlich werden können, am Grunde liege und nicht aufzufinden gewesen sei.

Hätte Schiffer Jaeger, wie es seine unerläßliche Pflicht war, die Seezeichen, welche klar und deutlich sowohl die Gefahrstelle bezeichnen, als auch den ungefährlichen Fahrweg angeben, gehörig beobachtet und sich nach ihnen gerichtet, so würde er mit seinem Schiffe nicht aufgelaufen sein. Statt dessen hat aber Schiffer Jaeger, obwohl er Fahrgäste an Bord führte, also besondere Vorsicht zu beobachten hatte, sich unbedenklich auf das mit Untiefen durchsetzte und höchst gefährliche Gebiet begeben, vor dem die Seezeichen ausdrücklich abwarnen. Anstatt nun wenigstens hier besondere Vorsicht zu beobachten, hat er es auch daran gänzlich fehlen lassen, indem er weder seinen Schiffsort durch Peilungen und Lothungen feststellte, noch auch unter beständigem Gebrauche der Peilstange oder des Loths sich von der Sicherheit seines Curses überzeugte, sondern mit voller Dampfkraft blind darauf los fuhr. Daß vor ihm andere Schiffer sich auf das gefährliche Gebiet begeben haben, ohne dort den Grund zu berühren, gereicht dem Schiffer Jaeger in keiner Weise zur Entschuldigung, denn ihm fehlte es an derjenigen Ortskunde, Geschicklichkeit und Vorsicht, womit jene Schiffer den sicheren Weg gefunden haben.

Aber auch schon vor Antritt der Reise hat Schiffer Jaeger seine Pflicht dadurch verabsäumt, daß er sich keinerlei Kenntniß von den an Bord vorhandenen Pumpen-, Schleusen- und sonstigen Sicherheits-Einrichtungen verschaffte. Ueber solche Einrichtungen und ihr Zusammenwirken muß sich jeder Schiffer, vor allem aber der Führer eines Personendampfschiffes zeitig unterrichten. Daß Schiffer Jaeger dies gänzlich unterlassen hat, muß ihm als ein schweres Versehen zur Last gelegt werden. In seiner Unkunde darüber war er, nachdem das Schiff aufgestoßen hatte und sich alsbald mit Wasser füllte, völlig rathlos und machte nicht einmal einen Versuch, das Wasser auszupumpen und das Schiff so lange als möglich über Wasser zu halten. Der Sachlage nach — das Schiff war knapp 7/8 Seemeilen von Land entfernt — hätte Schiffer Jaeger, was jeder andere mit seinem Schiffe, dessen Ausrüstung und Einrichtung ausreichend bekannte tüchtige Kapitän gethan haben würde, sofort wenden, die Pumpen ansetzen lassen und versuchen sollen, auf flaches Wasser zu kommen und den Strand zu erreichen, wo voraussichtlich genügende Gelegenheit zur Rettung der Fahrgäste sich geboten hätte, denn die kurz zuvor beim Abgange eines anderen Personenschiffs zum Einschiffen benutzten Boote wären noch zur Stelle gewesen.

Hatte Schiffer Jaeger nun allerdings nicht dasjenige Mittel gewählt, zu dem er zur Rettung seiner Fahrgäste, seiner Leute und seines Schiffes vor allen anderen hätte greifen sollen, so muß doch anerkannt werden, daß er von seinem Standpunkte aus wenigstens das nächst Richtige getroffen hat, indem er auf die nahen Fischerboote zu lief, von denen seine Fahrgäste gerettet werden konnten. Zu tadeln ist es aber, daß Schiffer Jaeger dann sein Schiff verließ, um Peilungen auszuführen und um zu ermitteln, ob etwa ein treibender Balken sich unter dem Kiele befände. Dazu hätte der Steuermann oder ein geeigneter Matrose ausgereicht und vom Schiffer angestellt werden sollen. Dieser selbst aber gehörte im Augenblick der höchsten Gefahr, wo rasche und wechselnde Entschließungen und ein unmittelbares Handeln erforderlich werden konnten, auf sein Schiff, auf die Commandobrücke, von der aus er den Ueberblick über die Sachlage und deren weitere Entwickelung behielt. Mit dem Verlassen des Schiffes gab er dessen Leitung auf, was ihm nicht zustand, da er für dessen und für der an Bord befindlichen Leute Erhaltung verantwortlich war und blieb. Schiffer Jaeger, wiewohl er vor dem Ober-Seeamt den Eindruck eines tüchtigen Schiffers machte, hat den Verlust des Dampschiffes „Cuxhaven“, der leider auch drei Menschenleben kostete, durch einen solchen Mangel an den zur Ausübung seines Gewerbes erforderlichen Eigenschaften verschuldet, daß ihm die Befugniß zu dessen fernerer Ausübung durch den angefochtenen seeamtlichen Spruch mit Recht entzogen worden, dieser also lediglich zu bestätigen und dem somit unterlegenen Beschwerdeführer die Erstattung der baaren Auslagen des Verfahrens aufzuerlegen gewesen ist.

Es bleibt indessen zu hoffen, daß der bisherige Schiffer Jaeger bei längerem Dienste als Steuermann sich die für einen Seeschiffer und selbst für den Führer eines Personendampfschiffes erforderlichen Eigenschaften, soweit sie ihm zur Zeit abgehen, noch aneignen und dermaleinst ein brauchbares Mitglied seines bisherigen Berufsstandes werden werde.

## 27. Spruch des Seeamts zu Hamburg vom 21. December 1891 und Entscheidung des Kaiserlichen Ober-Seeamts vom 25. April 1892, betreffend den Seeunfall des Schraubendampfers „Kanzler" von Hamburg.

Der Spruch des Seeamts lautet:

Die Strandung und der alsdann erfolgte Untergang des deutschen Reichspostdampfers „Kanzler" auf Pinda Shoal an der Ostküste Afrikas nördlich von Mozambique am 5. September 1891 ist dadurch herbeigeführt, daß Schiffer Pape in allzu großem Vertrauen auf die Richtigkeit seines Bestecks sein Schiff bei Nacht auf einem jener unbefeuerten Küste zu nahe liegenden Curse führte, und daß derselbe nicht berücksichtigte, daß der Dampfer nicht nur in südlicher, sondern auch in westlicher Richtung nach der Küste zu durch den Passatstrom versetzt werden würde.

Der Unfall hätte sich bei Anwendung größerer Vorsicht vermeiden lassen; das Verhalten des Schiffers Pape ist daher ernstlich zu tadeln. Die Befugniß zur Ausübung des Gewerbes ist demselben aber zu belassen.

Nach der Strandung ist seitens des Schiffers Pape mit Umsicht verfahren.

Thatbestand. Am 5. September 1891 morgens gegen 3 Uhr strandete der deutsche Reichspostdampfer „Kanzler" auf Pinda Shoal an der Ostküste Afrikas 50 Seemeilen nördlich von Mozambique und ging dort verloren. Der Unfall hatte keinen Verlust von Menschenleben zur Folge.

Der Schraubendampfer „Kanzler", Unterscheidungs-Signal RJGF, war im Jahre 1890 in Hamburg aus Stahl erbaut, dort beheimathet, hatte einen Netto-Raumgehalt von 5464,6 cbm = 1929,01 britischen Register-Tons und eine Maschine von 1800 indicirten Pferdekräften.

Das Schiff gehörte der Actien-Gesellschaft „Deutsche Ostafrika-Linie" und war als Reichspostdampfer in regelmäßiger Fahrt zwischen Hamburg und den ostafrikanischen Küstenplätzen beschäftigt. Das Schiff war unter Specialaufsicht des Bureau Veritas erbaut und nach seiner Vollendung im März 1891 mit der Classe ✠ I 3/3 L. 1. 1. A a C P. in die Register jenes Instituts eingetragen. Der Versicherungswerth des Schiffes betrug M. 1 400 000. Geführt wurde das Schiff von dem Schiffer Johann Heinrich Pape, welcher im Besitze eines in Bremen im August 1883 ausgestellten Befähigungszeugnisses zum Schiffer auf großer Fahrt ist. Der Dampfer hatte eine Besatzung von 76 Personen; außerdem waren 32 Passagiere an Bord des Schiffes.

Schiffer Pape bediente sich zur Navigation seines Schiffes auf dem betreffenden Theil seiner Reise einer englischen Admiralitätskarte des Indischen Oceans, Comore Islands with the adjacent Coasts of Africa and Madagascar vom 5. September 1879 No. 2762 with small corrections bis April 1889. Außerdem befand sich die englische Admiralitätskarte No. 1809 Africa East Coast Mozambique Harbour to Ras Pekawi vom 25. April 1884 an Bord; doch wurde dies größere Besteck vom Schiffer Pape nicht benutzt. Dem Seeamt lag außer der vom Schiffer Pape benutzten Seekarte auch ein Exemplar der letzteren vor. Das Kladdejournal sowie das Deviationsjournal waren gerettet und lagen gleichfalls vor.

Am 2. September morgens 10 Uhr verließ der „Kanzler" mit einer nach Lindi, Mozambique und Delagoa Bay bestimmten Ladung Stückgüter den Hafen von Zanzibar.

Am 3. September gegen 12 Uhr mittags traf derselbe in Lindi ein, löschte Ladung, landete die Passagiere und die Post und ging am selben Tage nachmittags um 4 Uhr 30 Minuten nach Mozambique weiter. Der Tiefgang des Schiffes war 16 Fuß 6 Zoll vorn und 17 Fuß 9 Zoll hinten. Es wehte eine frische Briese aus OSO, Stärke 5, bei klarer Luft. Die See war leicht bewegt.

Während der Nacht wurde eine halbe Stunde gestoppt wegen

Reparatur an der Luftpumpe; dann fuhr man mit gemäßigter Geschwindigkeit weiter. Mittags 12 Uhr am 4. September peilte man Ibo Feuerthurm mißweisend WzS in ungefähr 8 Seemeilen Abstand. Man steuerte SzW. Quizeva Island passirte man im Abstand von 5 Seemeilen. Da Schiffer Pape sich ausrechnete, daß es ihm nicht gelingen würde, Mozambique noch vor Dunkelwerden zu erreichen, beorderte er die Maschine auf halbe Kraft und beschloß, erst mit Tagesanbruch dort einzutreffen. Um 6 Uhr nachmittags peilte Sorisa Point in SWzW½W m. w., und schätzte man, da eine vier Strich Peilung der eintretenden Dunkelheit wegen nicht mehr zu erreichen war, den Abstand des Schiffes von jenem Küstenpunkte auf ungefähr 20 Seemeilen.

Bei Abgabe der Wache um 8 Uhr an den ersten Steuermann machte Schiffer Pape mit dem zweiten Steuermann das Besteck auf und ließ einen halben Strich weiter von der Küste absteuern (S½W). Von 10 Uhr abends ab wurde mit langsam arbeitender Maschine gefahren. Schiffer Pape und Steuermann Maletzky setzten zu dieser Zeit zusammen das Besteck ab. Nach Land zu beobachtete der Steuermann mehrfach Feuerbrände. Die Nacht war dunkel, das Wetter schön, die See nur leicht bewegt. Um 12 Uhr war Schiffer Pape beim Wechsel der Wache auf der Brücke, und meldete der erste Steuermann, daß nichts in Sicht sei. Schiffer Pape gab dem auf Wache verbleibenden zweiten Steuermann den Befehl, ihn um 2 Uhr zu wecken.

Um 1 Uhr 30 Minuten morgens am 5. September wurde von dem wachthabenden zweiten Officier Pieper an Steuerbord in ziemlich weiter Entfernung bei klarem Wetter Land bemerkt. Um 2 Uhr wurde Schiffer Pape geweckt und kam auf die Brücke. Da man während des Nachmittags am vorhergehenden Tage eine Stromgeschwindigkeit von ungefähr 1½ Seemeilen in der Stunde nach Süden bemerkt hatte, kamen Schiffer Pape und Steuermann Pieper nach aufgemachtem Besteck überein, daß das gesichtete Land, welches ungefähr einen Strich achterlicher als dwars war, als Cap Melano anzusehen sei und in Folge dessen der Curs einen halben Strich westlicher geändert werden könne (SzW), um gut in den Feuerkreis von Mozambique Hafenfeuer zu steuern und um nicht bei Mozambique, da jenes Feuer häufig nicht weit sichtbar ist, vorbeizulaufen. Schiffer Pape blieb auf der Brücke.

Ungefähr um 3 Uhr glaubte Schiffer Pape, welcher sich auf der unteren Brücke aufhielt, während der zweite Officier seine Wache auf der oberen Brücke ging und auf Steuerbordseite nach dem Lande ausschaute, etwas rauschen zu hören. Er sprang sofort auf die obere Brücke und fragte den wachthabenden Officier, ob er etwas sehen könne, was dieser verneinte. Beide nahmen nun ihre Nachtgläser zur Hand und sahen die Küste ab. Etwa 3 Strich achterlicher wie dwars bemerkte Schiffer Pape zunächst einen weißen Streifen, doch ließ sich noch nicht erkennen, woher derselbe rührte. Schiffer Pape rief sofort „Ruder hart Steuerbord". Steuermann Pieper eilte in Folge dieses Commandos an das Ruder, um dasselbe mit hart überlegen zu helfen. Gleichzeitig gab Schiffer Pape mit dem Maschinentelegraphen den Befehl „volle Kraft vorwärts", um das Schiff schneller von der Küste abzudrehen. Im selben Augenblick sah er aber auch bereits Brandung voraus, gab unmittelbar nach jenem ersten Telegraphenbefehl das Commando „volle Kraft rückwärts" in die Maschine und ließ das Ruder mittschiffs legen. Maschinist Schumann führte jene Ordre in der Maschine aus. Gerade als das Signal erfolgte, hatte man in der Maschine an einem leichten Geräusch bemerkt, daß das Schiff den Grund berührte. Nach kurzer Zeit, nach der Maschinenuhr um 2 Uhr 57 Minuten, erfolgte für die Maschine der Befehl „volle Kraft vorwärts". Um 3 Uhr wurde auf Befehl von der Brücke „gestoppt" und um 3 Uhr 1 Minute die Maschine wieder auf volle Kraft vorausgesetzt. Später erfolgten noch abwechselnde Signale. Um 3 Uhr 50 Minuten mußte von der Maschine aus nach der Brücke „stopp" telegraphirt werden, da das Wasser in dem Maschinenraum überhand nahm.

Schiffer Pape hatte zunächst gehofft, sein Schiff durch volle Kraft voraus vom Riff freizudrehen. Nachdem das Schiff aber den Grund berührt hatte und gleich darauf mehrere Male sehr heftig gestoßen hatte, fiel dasselbe zwar bis SO ab, drehte dann aber wieder zurück. Durch starken Strom und Brandung wurde das Hintertheil des Schiffes trotz vorwärts arbeitender Schraube direct auf das Riff geworfen. Durch ein schweres Seeloth wurde festgestellt, daß hinten nur 16—18 Fuß Wasser waren, an Steuerbord 3—4 Faden und an Backbord an einzelnen Stellen 6 Faden. Der Dampfer saß hiernach Steuerbord mittschiffs und hinten fest. In der Brandung fing der Dampfer ganz gewaltig an zu stoßen und zu arbeiten, sodaß sich bald sämmtliche auf Deck und in der Takelage befindlichen Gegenstände losrissen und die an Deck sich aufhaltenden Personen gefährdeten. Schiffer Pape, welcher sich überzeugte, daß das Schiff durch die Maschine nicht abzubringen war, ließ ein Boot an Backbord zu Wasser, um eventuell Anker auszubringen.

Von der Maschine aus war inzwischen der vierte Maschinist in den Großraum nnd Heizraum gesandt, um nachzusehen, ob das Schiff durchgestoßen sei. Nach kurzer Zeit wurde gemeldet, daß etwas Wasser in den Heizraum dringe. Die Lenzpumpe wurde sofort nach dem Heizraum gestellt und der Pulsometer für die Maschinenbilge klar gemacht. Als die Stöße immer heftiger wurden und bereits die Speisepumpe, sowie der Plattboden in die Höbe gehoben wurden, ließ man sicherheitshalber die beiden Schotten fallen. Der erste Maschinist wollte nun das Ventil der Nothinjection öffnen, doch brach in Folge des heftigen Stoßens das Seeventil ab. Luft- und Circulationspumpe wurden hochgehoben und strömte nun das Wasser direct in den Maschiuenraum ein. Es zeigte sich jetzt auch, daß der Niederdruck-Schieberkasten gerissen, alles Hebelwerk verbogen war, sodaß die Maschine trotz vollen Dampfes kaum noch drehte.

Das Wasser nahm jetzt derartig im Maschinenraum zu, daß ein weiteres Verbleiben unmöglich war. Nach Meldung an Schiffer Pape wurde die Maschine gestoppt. In kurzer Zeit stand das Wasser schon bis zum ersten Gräting. Man öffnete nun das Sicherheitsventil und schloß das Ventil der Lichtmaschine. Das Schott nach dem Großraum wurde jetzt gleichfalls fallen gelassen. In Folge eines starken Stoßes brach ein Hauptdampfrohr ab und blies der Dampf in Folge dessen ab.

An Deck waren inzwischen sämmtliche Rettungsboote zum Aussetzen klar gemacht worden; in Folge des gewaltigen Arbeitens gelang es indeß nur zwei Rettungsboote an Steuerbord zu Wasser zu lassen. Eine Peilung der Pumpen ergab, daß außer Maschinen- und Heizraum auch bereits der Raum No. 4 voll Wasser war.

Da an ein Abbringen des Dampfers, welcher eine starke Schlagseite nach Backbord hatte, in der gegenwärtigen Lage ohne fremde Hülfe nicht zu denken war, auch ein längerer Aufenthalt an Bord die Menschenleben gefährdete, gab Schiffer Pape den Befehl zum Verlassen des Schiffes. Durch die farbigen Heizer entstand zunächst ein Gedränge doch gelang es sofort, die Ruhe wieder herzustellen, zunächst die Passagiere einzuschiffen, dann die Post und die Schiffspapiere überzunehmen, worauf sodann die Mannschaft die Boote bestieg. Schiffer Pape verließ als letzter das Schiff.

Bis zum Tagwerden hielt man sich in der Nähe des Dampfers auf; als dann die Lage desselben eine bessere zu sein schien, wurde nach demselben zurückgefahren, und versuchte man noch vor allem die Dampfbarkasse zu Wasser zu bringen und Proviant zu bergen.

Als verschiedene der an Bord zurückgekehrten Leute anfingen, auch ihre Sachen zu bergen und dadurch die Boote gefährdeten, sah sich Schiffer Pape genöthigt, die Drohung auszusprechen, daß er jeden weiteren Versuch hierzu durch Schießen verhindern werde.

Das weitere Ausbringen der Boote mißlang und da in Folge erneuerter Brandung die Schlagseite nach Backbord immer größer wurde, sah man sich zum abermaligen Verlassen des Schiffes genöthigt, was in vollster Ordnung geschah.

Als Schiffer Pape den „Kanzler" verließ, lag derselbe platt auf der Seite. Kurz nachdem das letzte Boot abgefahren war, holte der „Kanzler" in der Brandung noch einmal schwer über, kenterte dann plötzlich und verschwand in die Tiefe.

Schon einige Zeit vor dem zweiten Verlassen des Schiffes war ein Küstenfahrzeug in Sicht gekommen, nach welchem der erste Steuermann mit seinem Boote, nach vorheriger Abgabe der Passagiere an die anderen Boote, beordert worden war.

Als die Boote nach dem Untergang des „Kanzler" bei dem vom ersten Steuermann angehaltenen Fahrzeug ankamen, erkannte man, daß das Weiterschaffen der Passagiere sowie der Post mittelst jenes Fahrzeuges unmöglich sei, da letzteres vollständig beladen, weder genügend Wasser noch Proviant an Bord hatte, außerdem auch mit contrairem Wind zu kämpfen hatte, sodaß dessen Ankunft in Mozambique unter 48 Stunden nicht erfolgen würde. In Folge dessen landeten die Boote bei Cap Macua. Schiffer Pape sandte nun von dort sofort Boten nach Mozambique, um weitere Hülfe zu holen. Die Passagiere und die Mannschaft wurden am Lande, so gut es ging, untergebracht. Am folgenden Morgen fuhren Schiffer Pape, der erste und dritte Steuermann nach der Strandungsstelle hinaus, um nach etwaigen Treibstücken und nach dem Wrack selbst auszusehen; allein es wurden keine Spuren von dem Schiffe gefunden.

Am 7. September wurde der erste Steuermann mit seinem Boote nach der Fernando Veloso Bay gesandt, um etwaigen zu Hülfe kommenden Fahrzeugen die Lage der Schiffbrüchigen anzuzeigen, doch kehrte das Boot ohne Hülfe am Abend zurück. Am folgenden Morgen, 8. September, fuhr man mit sämmtlichen Booten ab, um möglichst Mozambique zu erreichen. Glücklicher Weise traf man in der Fernando Veloso Bay den von Mozambique zur Hülfe gesandten, derselben Rhederei gehörigen Küstendampfer „Emin", und wurden die Schiffbrüchigen mit ihren Booten sämmtlich an Bord jenes Dampfers aufgenommen. Mit dem „Emin" wurden sofort Nachforschungen nach dem Wrack und etwaigen Treibstücken angestellt, wobei sich auch das gleichfalls zur Hülfe gesandte englische Kriegsschiff „Mariner" betheiligte, jedoch ohne irgend welchen Erfolg. Man erblickte nur den hölzernen Schutzdeckel der Dampfbarkassen-Maschine. Der „Mariner", welcher am 8. September abends nach Mozambique zurückdampfte, nahm die Post sowie den an Bord des „Kanzler" als Passagier gereisten außerordentlichen britischen Commissar zur Feststellung der Grenzen des portugiesischen und englischen Interessengebiets, Major Julian J. Leverton, mit.

Die übrigen Schiffbrüchigen wurden am 10. September in Mozambique gelandet, nachdem man noch während des ganzen 9. September die Nachforschungen, leider vergeblich, fortgesetzt hatte.

Die Peilung, welche man von der Strandungsstelle von Bord des „Kanzler" aus zuletzt genommen, ergab, so gut es bei dem schweren Arbeiten des Schiffes möglich war, die Nordspitze des Landes in NWzW ½W.

Nach Schluß der Beweisaufnahme führte der Reichscommissar bei der Prüfung des Beweisergebnisses die Ursachen der Strandung und des Unterganges des Dampfers darauf zurück, daß erstens Schiffer Pape die von ihm selbst wahrgenommene Strömung nicht genügend in Rechnung gezogen habe, zweitens, daß das Schiff in anbetracht der dunkelen Nacht dem Lande und jenem gefährlichen Riffe viel zu nahe geführt worden, was als eine oberflächliche und sorglose Navigirung zu bezeichnen sei, und drittens darauf, daß man das Loth nicht gebraucht habe. Auch hätte seiner Meinung nach die Strandung des Schiffes noch durch sofortiges Steuerbord-Ruderlegen bei dem Insichtkommen der Brandung vermieden werden können. Dies Verhalten des Schiffers Pape bekunde einen solchen Mangel an Vorsicht und Sorgfalt in der Navigirung des Schiffes, daß es für bedenklich erachtet werden müsse, dem Schiffer Pape ferner die Führung eines Schiffes anzuvertrauen. Im öffentlichen Interesse liege daher der Antrag, dem Schiffer Pape die Befugniß zur ferneren Ausübung des Schiffergewerbes zu entziehen.

Schiffer Pape führt die Strandung seines Schiffes auf eine stärkere südwestliche Strömung zurück, als er beobachtet habe, sowie ferner auf den Irrthum in der Annahme, daß das von ihm in der Nacht gesichtete Land Cap Melano sei. Er habe es seiner Meinung nach nicht an Vorsicht und Umsicht fehlen lassen, indem er wiederholt sein Besteck mit seinen Officieren in seiner Karte abgesetzt und seine Position nach seinen Berechnungen vollständig gestimmt habe.

Schiffer Pape legte dem Seeamt ein Zeugniß seiner früheren Rheder vor und bezog sich auf den dem deutschen Consulat zu Mozambique seitens des britischen Commissars Major Leverton erstatteten Bericht über sein Verhalten.

Gründe. Bei der Prüfung des Journals des „Kanzler" zeigt es sich, daß in der Nacht vom 3. auf den 4. September von 12 bis 4 Uhr ein S11°WestCurs gesteuert wurde, beim Verwandeln des gesteuerten Curses in den rechtweisenden Curs ein nicht unbedeutender Fehler gemacht worden ist, indem die Mißweisung, welche 11 Grad West beträgt, als Ost und die Deviation, welche mit + 3° (das Deviationsjournal giebt laut Beobachtung auf SzWCurs — 2° Deviation an) im Journal angezeichnet steht, als — 3 Grad gerechnet ist, so daß der als wahrer Curs gerechnete S19°WCurs in Wirklichkeit S3°Ost beträgt.

Bei Aufrechnung des Bestecks ist der Schiffsort am 4. September mittags auf 12° 32′ Südbreite und 40° 51′ Ostlänge niedergesetzt. Es ergiebt aber eine mit denselben Cursen und Distanzen, wie sie im Journal verzeichnet sind, angestellte Rechnung als Resultat

12° 33′ Südbreite und 40° 27′ Ostlänge,

wonach jedoch das Schiff über zwanzig Seemeilen westlicher stehen, somit auf Land sitzen würde.

Es ist daher nicht ersichtlich, wie man zu dem obigen Resultat 12° 32′ Südbreite und 40° 51′ Ostlänge gekommen ist. Schiffer Pape wußte in der Seeamtssitzung darüber keinen Aufschluß zu geben.

Corrigirt man die Curse für Mißweisung in der rechten Weise und wiederholt in den so gefundenen Cursen die Rechnung, so erhält man als Resultat

12° 35′ Südbreite und 40° 42′ Ostlänge.

Die observirte Breite und Länge um 12 Uhr mittags am 4. September beträgt 12° 14′ Südbreite und 40° 45′ Ostlänge, und falls die gelaufene Distanz nicht durch das zeitweilige Stoppen der Maschine bezw. Langsamgehen derselben beeinträchtigt ist, so würde sich hiernach eine Stromversetzung im Laufe des verflossenen Tages in ungefähr 21 Seemeilen N7°Ost ergeben, während das Journal N25°West 19 Seemeilen verzeichnet.

Dieser bei der Prüfung des Journals gefundene Fehler in der Umwandlung von mißweisenden Cursen in rechtweisende, übt zwar in diesem Falle keinen directen Einfluß auf die Strandung des „Kanzler" aus, das um mehrere Seemeilen nicht übereinstimmende

Resultat der durch astronomische Beobachtuugen erhaltenen Breite und Länge mit der durch Peilung von Ibo Licht erhaltenen zeigt jedoch, daß die Beobachtungen bezw. die Peilungen nicht mit der nöthigen Sorgfalt angestellt wurden.

Bezüglich der weiteren Navigirung muß bezweifelt werden, daß die Peilung von Sorisa Point um 6 Uhr abends eine zuverlässige gewesen ist. Einmal geht dies schon aus den Aeußerungen über jene Peilung selbst hervor und dann ist es nach der Erfahrung der Beisitzer des Seeamts ganz unmöglich, daß man jene Küste in der Nachbarschaft dieses Punktes, welche durchweg niedriges Land ist, auf 20 Seemeilen Entfernung wirklich gesichtet und erkannt hat. Nach dem Journal war überdies die Luft bedeckt. Höchstwahrscheinlich hat man einen der in die Peilungslinie SWzW½W fallenden, 6—8 Meilen im Lande liegenden Berge des hohen Hinterlandes für Sorisa Point genommen.

Zu jener Schätzung des Abstandes ist man entschieden lediglich gekommen, weil die gesetzte Curslinie (man steuerte von der nach der Peilung von Ibo Feuerthurm um 12 Uhr mittags gewonnenen Position, S4°Ost rechtweisend, nach dem Logg 53 Seemeilen) die Peilungslinie in dieser Entfernung von Sorisa Point schnitt, wenn man zu der gelaufenen Distanz noch ungefähr 10 Seemeilen hinzulegt. Hiernach stellte man auch laut Journal die während des Nachmittags stattgehabte Stromversetzung auf 1½ Seemeilen per Stunde in der Richtung des Curses fest.

In Wirklichkeit konnte das Schiff sich aber gar nicht an jener Stelle befinden, sondern muß dem Lande erheblich näher gestanden haben.

Schiffer Pape ließ freilich von abends 8 Uhr am 4. September bis 2 Uhr nachts, also für 6 Stunden, ½ Strich weiter vom Lande abhalten, blieb aber augenscheinlich dabei, die einmal während des Nachmittags angeblich festgestellte, 1½ Seemeilen per Stunde betragende starke Stromversetzung stets als andauernd gleich starke und stets nur im Sinne der gesteuerten Cursrichtung vorhandene zu rechnen. Dies führte ihn auch um 2 Uhr nachts beim Besteckabsetzen, wobei er von 6 Uhr nachmittags bis 2 Uhr nachts eine um 9 Seemeilen größere Distanz für Stromversetzung rechnete, als das Schiff nach dem Logg noch gelaufen hatte, zu dem Glauben, daß er Cap Melano sichtete, während er unmittelbar darauf auf das in nordwestiicher Richtung von demselben liegende Pinda Riff auflief. Die Möglichkeit, daß die Stromversetzung, anstatt in der Cursrichtung, in mehr westlicher

Richtung stattfinden könne, ist vom Schiffer Pape nie recht in Betracht gezogen. Seiner eigenen Angabe nach hat er immer mehr auf südlichen Strom gerechnet.

Eine Linie vom Standpunkte, welchen man am Mittag vor der Strandung inne hatte, nach dem Strandungspunkt gezogen, giebt eine Richtung von S2½°Ost bei 116 Seemeilen Distanz. Gesteuert hat man von dem besagten Standpunkt ab bis zur Strandung einen General-Curs von S6°Ost 110 Seemeilen.

Hieraus geht hervor, daß man, um dem gefährlichen Riff aus dem Wege zu gehen, bei Nacht und ohne Leuchtfeuer und bei ungenügender Kenntniß über die herrschende Stromstärke und Stromrichtung, es für genügend hielt, den Curs, welcher ohne irgend welche Stromversetzung (S2½°O) auf das Pinda Riff geführt haben würde, nur um 3½ Grad abweichen zu lassen, und dies muß, selbst wenn das Schiff an bestimmtes Einhalten einer bestimmten Zeit gebunden gewesen wäre, was indeß durchaus nicht der Fall war, da man ohnehin schon langsam fuhr, um zum Einlaufen in Mozambique das Tageslicht abzuwarten, als eine entschieden ungenügende Maßregel angesehen werden. Schiffer Pape hat sein Schiff somit auf einen der Küste zu nahe liegenden Curs geführt.

Was den hier herrschenden Strom anbetrifft, so hätte Schiffer Pape sich wohl bei dem ruhigen Wetter sagen müssen, daß der große sogenannte Passatstrom, welcher vom Indischen Ocean in der Richtung von Ost nach West auf die afrikanische Küste zuströmt und sich in der Nähe von Cap Delgado in zwei Theile theilt, von welchen der eine der Küste nach, in nördlicher Richtung, der andere ebenfalls der Küste folgend in südlicher Richtung abfließt, seine ursprüngliche nach West gerichtete Bahn nicht plötzlich in eine direct südliche umändern könne, sondern daß diese Richtung von Ost nach West bei der Theilung des Stromes allmälig in eine WSWliche und SWliche und erst später in südlicheren Küstentheilen in eine südliche Richtung übergehe, und daß sein Schiff nothwendigerweise von dieser Strömung auch in westlicher Richtung versetzt werden müsse.

Aus der Berechnung der Curse ergiebt sich, daß der „Kanzler" während der letzten 15 Stunden durch eine SSWStromrichtung um ungefähr 13 Seemeilen versetzt worden ist. Dies ist nach Schiffer Pape's eigener Angabe ungefähr die Entfernung, in welcher derselbe von den Pinda Shoals passiren wollte.

Schiffer Pape hat sonach zweifellos den vorhandenen westlichen Strom nicht in Berechnung gezogen.

Dem Vorwurf, das Loth nicht gebraucht zu haben, vermag das Seeamt nicht beizustimmen, da dasselbe bei Tiefen von 500 Faden und darüber, welche sich auf dem vom „Kanzler" genommenen Curse nach der Pinda Shoal vorfinden, keinen warnenden Anhalt gewähren konnte.

Ebensowenig hat das Seeamt aus der Verhandlung die Ueberzeugung gewinnen können, daß die Strandung sich durch anderweitige Manöver des Schiffers noch hätte vermeiden lassen.

Die nach dem Auflaufen getroffenen Maßnahmen entsprechen gleichfalls der Sachlage.

Besonders werthvoll für die Beurtheilung des Verhaltens des Schiffers Pape und seiner Mannschaft ist der von dem britischen Commissar Leverton dem deutschen Consulat erstattete Bericht.

Das Seeamt entnimmt demselben mit Genugthuung, daß nach Eintritt der Katastrophe Schiffer Pape sowie seine Mannschaft in jeder Weise ihre Pflicht gethan haben.

In betreff des Schiffers Pape läßt sich nach den obigen Ausführungen nicht verkennen, daß er allerdings durch sein Verhalten den Unfall verschuldet hat.

Wenn das Seeamt trotz dieses Verschuldens nicht die Consequenz zieht, welche seitens des Reichscommissars gefordert wird, so ist dasselbe hierbei von der Erwägung ausgegangen, daß jener Unfall nicht durch Pflichtversäumniß, sondern durch allzu großes Vertrauen des Schiffers auf die Richtigkeit seines Bestecks und in Folge hiervon nicht genügend angewandter Vorsicht bei der Navigirung seines Schiffes hervorgerufen ist.

Ein solches Verhalten ist unter den gegebenen Verhältnissen gewiß zu tadeln, eine Unfähigkeit zur weiteren Ausübung des Gewerbes ist dadurch aber nicht erwiesen.

Dem Schiffer Pape war daher die Befugniß zur Ausübung seines Gewerbes zu belassen.

---

Die Entscheidung des Ober-Seeamts lautet:

Auf die Beschwerde des Reichscommissars gegen den Spruch des Seeamts in Hamburg vom 21. December 1891 über den Seeunfall des Dampfschiffes „Kanzler" von Hamburg hat das Kaiserliche Ober-Seeamt in seiner zu Berlin am 25. April 1892 abgehaltenen öffentlichen Sitzung nach mündlicher Verhandlung der Sache entschieden,

daß der Spruch des Seeamts in Hamburg vom 21. December 1891

zu bestätigen und von einem Ansatz der baaren Auslagen des Verfahrens abzusehen sei.

Gründe. Die Beschwerde erhebt gegen den Schiffer Pape folgende Vorwürfe:

1. Schiffer Pape habe die auf die Küste zu setzende westliche Strömung, welche von ihm bereits am 4. September 1891 mittags beobachtet worden sei, bei seiner weiteren Navigirung gar nicht in Rechnung gezogen, dafür aber ganz ohne Grund eine sehr viel stärkere südliche Strömung angenommen, als sie damals vorhanden gewesen sei.

2. Schiffer Pape habe vom Mittag des 4. September ab Curse gesteuert, die in anbetracht der dunklen Nacht, der von ihm selbst zugegebenen ungenauen Ortsbestimmungen durch Peilungen von Landobjecten und der ganz unbefeuerten Küste, als ohne sorgfältige Ueberlegung angeordnet und als solche bezeichnet werden müßten, die das Schiff schon bei nur mäßiger westlicher Strömung auf Pinda Riff hätten führen müssen.

3. Nachdem Schiffer Pape vom Mittag des 4. September ab 113 bis 114 Seemeilen abgelaufen gehabt und obwohl er wegen der ungenauen Peilungen, der bloßen Schätzung von Landobjecten und der ihm bekannten westlichen Strömung keine Gewißheit über den Standort seines Schiffes hätte haben können, so habe er doch keinen Gebrauch vom Lothe gemacht, um sich davon zu überzeugen, daß sein Schiff sich noch auf tiefem Wasser fortbewege.

4. Gleich beim ersten Hören des Brandungsgeräusches hätte Schiffer Pape das Ruder sofort hart Steuerbord legen lassen sollen, anstatt zuvor auf die obere Commandobrücke zu gehen, mit dem wachthabenden Steuermann Rücksprache zu halten und erst die Stelle der Brandung auszumachen.

Das Ober-Seeamt muß in Uebereinstimmung mit dem Seeamt den Seeunfall lediglich der unrichtigen Navigirung durch den Schiffer Pape und damit diesem allein die Schuld an dem Verluste des Schiffes zuschreiben.

Was die einzelnen Beschwerdepunkte anlangt, so durfte Schiffer Pape aus den Beobachtungen über Richtung und Stärke des Stroms am Tage vor der Strandung keineswegs unmittelbar auf den Strom am Strandungstage schließen, denn er hatte inzwischen die Stromscheide bei Kap Delgado überschritten. Daß er nun einen südlichen Strom in Rechnung zog, war an sich den Umständen angemessen; nur hätte er dabei die entsprechend der Küstenrichtung nach West setzende Strömung in ihrer wirklichen Stärke berücksichtigen sollen. Daß er sie keineswegs gänzlich außer acht gelassen hat, läßt der von ihm gewählte Curs mit Grund annehmen, denn ohne Stromeinfluß hätte dieser sogar 14 Seemeilen frei an Pinda Riff vorbeiführen müssen. Aber er hat anscheinend gar nicht bedacht, daß bei der angeordneten gemäßigten Fahrgeschwindigkeit sein Schiff der Einwirkung des Stroms viel länger ausgesetzt war, also auch entsprechend weiter nach Westen versetzt werden mußte. Mit voller Dampfkraft würde der gewählte Curs sicherlich frei von allen Untiefen geführt haben. Jeder vorsichtige Schiffer würde seine Fahrgeschwindigkeit nicht gemindert haben, sondern mit voller Kraft bis in den Kreis des Feuers von Mozambique gelaufen sein und sich unter Peilung des Feuers dort bis Tagesanbruch gehalten haben. Wenn Schiffer Pape bei diesem Feuer vorbeizutreiben befürchtet und deshalb seinen Curs näher unter Land genommen und wenn er ferner in Sicht von Pinda Riff zu laufen beabsichtigt haben will, so ist zuzugeben, daß jene Befürchtung einigen Grund hatte und daß das Sichten von Pinda Riff bei der beständig darüber hinlaufenden Brandung immerhin Gelegenheit zu einer besseren Ortsbestimmung hätte geben können. Auch ergiebt sich nicht, daß die durch die besonderen Umstände gebotene Vorsicht, insbesondere ein scharfer Ausguck, vernachlässigt worden sei, vielmehr muß anerkannt werden, daß Schiffer Pape, indem er nachts an Deck war, die Navigirung persönlich leitete und selbst scharf Ausguck hielt, seine Pflicht als Schiffsführer erfüllt hat.

Auch von dem Vorwurfe, das Loth nicht zur Ortsbestimmung gebraucht zu haben, ist Schiffer Pape frei zu sprechen, denn die Seekarten ergeben dort keine gleichmäßige Abnahme der Wassertiefe nach der Küste zu, vielmehr reichen sehr große und durch ein gewöhnliches Schiffsloth nicht mehr zu ermittelnde Wassertiefen bis unmittelbar an Pinda Riff heran.

Nur dem seemännischen Gebrauche und den Umständen entsprach es ferner, daß Schiffer Pape beim Hören der Brandung nicht sofort blindlings das Ruder hart Steuerbord legen ließ, wodurch er möglicherweise unmittelbar eine Strandung hätte herbeiführen können. Bevor er ein Ausweichmanöver anordnete, mußte er sich vielmehr über Lage und Ort der Gefahr vergewissern. Dem Vorstehenden nach gereicht es dem Schiffer Pape zum schweren Vorwurfe, bei Wahl seines Curses nicht die von ihm angeordnete gemäßigte Fahrgeschwindigkeit und die dadurch bewirkte längere und stärkere Stromeinwirkung nach West in Betracht gezogen zu haben. Auch war es ein grobes seemännisches Versehen, daß er nicht mit voller

Fahrt zunächst in den Kreis des Feuers von Mozambique zu gelangen suchte und sich dort bis Tagesanbruch aufhielt, sondern mit geminderter Geschwindigkeit an der unbefeuerten Küste entlang fuhr, lediglich um nicht an Mozambique vorbeizutreiben und Zeit zu verlieren. Gleichwohl hat nach seinem ganzen sonstigen Verhalten, insbesondere nach der großen Umsicht und Besonnenheit bei den Versuchen zur Abbringung seines Schiffes und bei den Maßnahmen zur Rettung seiner Leute und Fahrgäste, nach der lebhaften Anerkennung, die ihm dafür selbst von fremden Behörden gezollt ist, und nach seinem festen und offenen Auftreten vor dem Ober-Seeamt, endlich nach den zahlreichen sehr günstigen Zeugnissen über seine Vergangenheit nicht angenommen werden können, daß es ihm an den zur Ausübung seines Berufs erforderlichen Eigenschaften fehle.

Es war daher der Spruch des Seeamts lediglich zu bestätigen und da der Reichscommissar die Beschwerde eingelegt hat, von einem Ansatz der baaren Auslagen des Verfahrens abzusehen.

## 28. Spruch des Seeamts zu Flensburg vom 2. Januar 1892 und Entscheidung des Kaiserlichen Ober-Seeamts vom 26. April 1892, betreffend den Seeunfall des Schraubendampfers „Union" von Flensburg.

Der Spruch des Seeamts lautet:

Der Schiffer hat die Strandung dadurch verschuldet, daß er es unterließ, in der Zeit von 12 Uhr mittags am 4. December bis zum Sichten des Feuers von Boyberg gegen 2 Uhr morgens am 5. December seinen Schiffsort durch Lothungen zu berichtigen.

Dem Schiffer Köhn wird die Befugniß zur Ausübung des Schiffergewerbes nicht entzogen.

Gründe. Der in Flensburg beheimathete eiserne Schraubendampfer „Union" — Unterscheidungs-Signal LMBH — ist am 5. December 1891 morgens zwischen 2 und 3 Uhr bei Lemvig an der Westküste Jütlands gestrandet. Das Schiff befand sich auf der Reise von Middlesborough mit Eisen und Schiffsmaschinen für Flensburg.

Führer desselben war der Schiffer Lorenz August Friedrich Köhn aus Arnis. Dieser ist 29 Jahre alt und besitzt ein am 17. August 1887 von der Königlichen Regierung in Schleswig ausgestelltes Zeugniß über die Befähigung zum Schiffer auf großer Fahrt.

Am 2. December 1891 nachmittags 3 Uhr 35 Minuten, als man in die offene See gekommen war, setzte man den Curs zunächst auf O $^{1}/_{2}$ N mißweisend. Am andern Morgen 8 Uhr, als man nach dem Logg in diesem Curse 106 Seemeilen zurückgelegt hatte, veränderte man den Curs auf OzN mwſ. und fuhr darin bis 10 Uhr morgens 16 Seemeilen. Weil zu dieser Zeit ein sehr heftiger Wind aus Südwest eintrat, wurde beigedreht, und zwar bis 7 Uhr abends, zu welcher Zeit die Ruderkette brach, die indeß bald wieder reparirt wurde. In dieser Lage trieb das Schiff etwa 4 $^{1}/_{2}$ Seemeilen nach Süden zu. Von 7 Uhr bis 8 Uhr abends steuerte man 5 Seemeilen OzN mwſ., dann bis 12 Uhr mitternachts 26 Seemeilen Ost und von da bis 8 Uhr morgens am 4. December 52 Seemeilen OzN mwſ. Obgleich man mittlerweile durch Beobachtung einer Sonnen-Amplitude gefunden hatte, daß die Deviation des Compasses auf dem Compaßcurse ONO nicht einen Strich östlich betrage, wie die Deviationstabelle zeigte, sondern 1 $^{3}/_{8}$ Strich östlich, wurde der gesteuerte Curs beibehalten, ohne die zuletzt gefundene Deviations-Berechnung zu berücksichtigen, und zwar aus dem Grunde, weil die Deviation von 1 $^{3}/_{8}$ Strich östlich auf einer Beobachtung unter ungünstigen Umständen — Schlingern des Schiffes und Unklarheit der Sonne — gefunden war. Bis mittags 12 Uhr am 4. December fuhr man noch 21 Seemeilen in diesem Curse; mittags 12 Uhr fand man nach der Sonnenhöhe, daß das Schiff auf 55° 46′ nördlicher Breite stehen müsse. Die Länge gißte man, indem man die bis dahin gesteuerten Curse auf die Karte übertrug und eine Lothung, welche um 8 Uhr 20 Minuten vormittags 21 Faden ergeben hatte, zu Rathe zog. Eine Koppelrechnung war weder am Tage vorher gemacht, noch wurde sie an diesem Tage gemacht. Bei der Eintragung der Curse in die Karte wurde der am 3. December morgens von 8 bis 10 Uhr gefahrene Curs, 16 Seemeilen OzN übersehen. So kam man zu der Annahme, daß der Schiffsort hinsichtlich der Länge 5° 25′ östlich von Greenwich sein müsse. Der Schiffer gelangte dabei gleichzeitig zu der Annahme, daß er 19 Seemeilen SO $^{1}/_{2}$ S versetzt sein müsse.

Nachdem man sich solchergestalt den Schiffsort auf 55° 46′ nördliche Breite und 50° 25′ östliche Länge von Greenwich zurechtgedacht hatte, wurde der Curs auf NO $^{1}/_{2}$ O per Compaß verändert und ohne Lothung weitergefahren. Obwohl die Diviationstabelle auf diesem Curse nur $^{1}/_{2}$ Strich östliche Deviation zeigte, nahm der

Schiffer in anbetracht der nach Süd setzenden Strömung einen Strich östliche Deviation an, wobei sich der Curs auf NOzO ½ O mws. stellte. Der Wind wehte auf diesem Curse nach wie vor aus Südwest, war aber durchgehends leichte Briese mit mäßig bewegter See. Um 1 Uhr 55 Minuten morgens am 5. December, während der Schiffer als Wachthabender auf der Commandobrücke war und zu welcher Zeit man seit Mittag am 4. December nach dem Logg 93 Seemeilen zurückgelegt hatte, meldete der am Ruder stehende Matrose Heitmann dem Schiffer ein Feuer etwa 2 Strich an Backbord voraus. Die Luft war damals sternenklar, die Kimme dagegen etwas diesig. Der Schiffer nahm sein Nachtglas zur Hand und peilte das Feuer in NNO per Compaß. In der Meinung, daß er ein Fischerfahrzeug vor sich habe, von welchem das Feuer herrühre, ließ er weiterfahren, ohne das Loth zu gebrauchen. Nachdem er sich einige Zeit das Feuer angesehen hatte, begab er sich ins Kartenhaus, um sich aus der Karte darüber zu orientiren, ob er vielleicht dennoch ein Landfeuer vor sich habe. Kurze Zeit darauf, es mochte wohl 2 Uhr 10 Minuten geworden sein, sah der Matrose am Ruder plötzlich Brandung voraus; er lief ins Kartenhaus und meldete solches dem Schiffer. Dieser stürzte sofort heraus und ließ die Maschine auf volle Kraft rückwärts stellen. Gleich darauf stieß das Schiff auf den Grund und blieb trotz Rückwärtsgehen der Maschine fest sitzen. Es warf sich dabei quer, so daß die Steuerbordseite gegen die See zu liegen kam. Die See brach nun über's Schiff hin, so daß die Besatzung sich in die Wanten flüchten mußte. Ein an Leeseite ausgesetztes Boot schlug gleich voll Wasser und mußte deshalb preisgegeben werden. Nach etwa 15 Minuten wurde das Schiff mit vorwärtsgehender Maschine wieder flott. Die Maschine wurde nunmehr auf rückwärts gestellt; trotzdem trieb das Schiff indeß dem Lande zu und stieß alsbald mehrere Male heftig auf. Unter diesen Umständen wurde mit voller Kraft vorwärts grade aufs Land zu gefahren, bis das Schiff, mit dem Steven dem Lande zugekehrt, völlig fest saß.

Auf gegebene Nothsignale kamen morgens gegen 8 Uhr Rettungsmannschaften zur Stelle. Mit deren Hülfe wurde die Besatzung glücklich an's Land gebracht; auch gelang es später, das gesammte Schiffsinventar zu bergen. Das Schiff sitzt zur Zeit noch an der Strandungsstelle. Von der Ladung hat wegen des ungünstigen Wetters seither nichts geborgen werden können. Die Bergung des Schiffes ist davon abhängig, ob es gelingt, die Ladung herauszubringen.

Die Ladung ist zu 75000 M., das Schiff zu 90000 M. versichert.

Die Strandungsstelle liegt ungefähr 4 Seemeilen südlich von dem 20 Seemeilen weit sichtbaren Boyberg Feuer an der Westküste Jütlands, und das Feuer, welches gegen 2 Uhr morgens zuerst gesichtet wurde, war kein anderes als dieses.

Hinsichtlich der Deviation des Compasses ist noch zu bemerken, daß der Compaß zuletzt im Mai 1891 in Leith revidirt worden war und daß sich nach Beobachtungen des Schiffers die Deviation seither durchweg constant gezeigt hatte, daß indeß bei den früheren Beobachtungen das Schiff niemals mit Eisen beladen gewesen ist.

Der Reichscommissar hat beantragt, daß dem Schiffer die Befugniß zur Ausübung des Schiffergewerbes entzogen werden möge.

---

War der Schiffsort, wie man sich ihn am 4. December 12 Uhr mittags zurechtlegte, richtig und wurde dann der gesteuerte Curs ON½O per Compaß wirklich gefahren, so hätte das Schiff nicht stranden können, sondern wäre, anstatt an die Westküste Jütlands zu kommen, mitten ins Skagerrack gelaufen. Der Curs NO½O per Compaß mit 1 Strich östlicher Deviation von dem gegißten Schiffsort auf die Karte übertragen, führt ungefähr 50 Seemeilen westlich bei der Strandungsstelle vorbei mitten ins Skagerrack.

Wie es anders kam und das Schiff südlich von Boyberg strandete, läßt sich zur Zeit nicht mehr mit Sicherheit feststellen. Hauptsächlich wird es daran liegen, daß das Schiff von einer nach Osten laufenden Strömung versetzt wurde, weil erfahrungsmäßig bei anhaltendem Winde aus Südwest in der Nordsee ein starker Strom nach Ost in die Hamburger Bucht läuft. Vermuthlich wird hierbei auch eine veränderte Deviation des Compasses mitgewirkt haben; denn es ist anzunehmen, daß die Eisenladung eine Veränderung herbeigeführt hat, wie solches auch durch die am 4. December morgens 8 Uhr 20 Minuten vom Schiffer gemachte Beobachtung sich herausstellte.

Immerhin jedoch hat der Schiffer den Unfall verschuldet und zwar dadurch, daß er es unterließ, den Schiffsort genügend zu controliren.

Die Bestimmung des Schiffsorts am 4. December mittags 12 Uhr beruhte auf durchaus unsicheren Berechnungen und war zweifelsohne unrichtig schon deshalb, weil der Schiffer eine Distanz von 16 Seemeilen, die er durchlaufen hatte, gänzlich übersah. Er hat sowohl damals wie am Tage vorher zunächst gegen die Vorschriften des Art. 487 des Handelsgesetzbuches verstoßen, weil er es unterließ, den Schiffsort durch Koppelung der gefahrenen Curse und Distanzen zu ermitteln und die Resultate ins Journal einzutragen. Hätte er dies gethan, so würde er gefunden haben, daß er nicht, wie angenommen, SO½S 19 Seemeilen versetzt war, sondern S3O⅞O 27 Seemeilen. Dies ergiebt sich aus der durchgeführten Koppelung der Curse und Distanzen. Diese Differenz kommt allerdings für die Strandung direct nicht in Betracht, weil sie in Bezug auf die Versetzung nach Osten, worauf es hier lediglich ankommt, keinen Unterschied giebt. Sie kommt nur insoweit in Betracht, daß sie, wenn erkannt, wegen der noch größeren Versetzung als der angenommenen, den Schiffer zur doppelten Vorsicht hätte mahnen müssen.

Weil es dem Schiffer um 12 Uhr mittags klar war, daß er bedeutend versetzt sei, weil er ferner wußte, daß der angenommene Schiffsort auf sehr unsicherer Grundlage beruhte, und weil er endlich wissen mußte und auch wußte, daß auf dem Curse, welchen er steuerte, erfahrungsmäßig immer nach einiger Zeit durch Veränderung der Deviation eine Versetzung der Schiffe nach Osten stattfindet, so gebot die Vorsicht, von nun an mindestens auf jeder Wache einmal das Loth zu werfen, um sich über den Schiffsort zu orientiren. Er würde dann sehr bald gefunden haben, daß er sich in gefährlicher Weise der Küste nähere; denn die Wassertiefen nehmen hier ziemlich gleichmäßig ab und sobald man nur 20—25 Faden Wasser lothet, muß vom Lande abgehalten werden.

Vor allen Dingen hätte gelothet werden müssen, als gegen 2 Uhr morgens am 5. December das Feuer gesichtet wurde. War der Schiffer schon durch die von ihm erkannte Unsicherheit seines Bestecks zur Vorsicht gemahnt, so kam jetzt noch die diesige Kimme hinzu, welche ihn zur größeren Vorsicht mahnte, weil dabei das Ausmachen des Feuers immer ein sehr schwieriges ist. Der Schiffer hätte sich daher nicht erst lange das Feuer ruhig ansehen und dann ins Kartenhaus gehen sollen, sondern er hätte sofort stoppen und das Loth werfen müssen, um sich über seinen Schiffsort zu orientiren. Er würde dann gefunden haben, daß er weniger als 20 Faden Wasser unterm Schiffe habe und damit der Küste viel zu nahe gekommen sei. Es würde ihm dann noch Zeit und Raum genug zur Verfügung gestanden haben, um vom Lande abzuhalten und solchergestalt die Strandung zu vermeiden.

Mit Recht ist vom Herrn Reichscommissar hervorgehoben, daß der Schiffer sich durch das Unterlassen des Lothens eines sehr großen Leichtsinns und unverzeihlicher Sorglosigkeit schuldig gemacht hat.

Wenn trotzdem das Seeamt sich nicht hat dazu verstehen können, dem Schiffer die Befugniß zur Ausübung des Schiffergewerbes zu entziehen, so ist dies in der Erwägung geschehen, daß seither nichts Nachtheiliges wider ihn zur Sprache gekommen ist und aus seinem Verhalten im vorliegenden Falle noch nicht zu schließen ist, daß der ihm zur Last fallende Leichtsinn eine ihm anhaftende Eigenschaft sei.

---

Die Entscheidung des Ober-Seeamts lautet:

Auf die Beschwerde des Reichscommissars gegen den Spruch des Königlich preußischen Seeamts in Flensburg vom 2. Januar 1892 über den Seeunfall des Dampfschiffes „Union" von Flensburg hat das Kaiserliche Ober-Seeamt in seiner zu Berlin am 26 April 1892 abgehaltenen öffentlichen Sitzung nach mündlicher Verhandlung der Sache entschieden,

daß der Spruch des Königlich preußischen Seeamts in Flensburg vom 2. Januar 1892 zu bestätigen und von einem Ansatz der baaren Auslagen des Verfahrens abzusehen sei.

Gründe. Die Strandung des Dampfschiffes „Union" ist, wie auch Seeamt und Reichscommissar übereinstimmend annehmen, dessen ungewöhnlich starker Versetzung nach Osten und Süden hin zuzuschreiben und diese wohl unzweifelhaft auf den lange anhaltenden südwestlichen Wind zurückzuführen, der erfahrungsmäßig einen starken Strom nach der Hamburger Bucht hin erzeugt. Es mögen aber auch die an Bord befindlichen Compasse anläßlich der aus Eisen bestehenden Ladung nicht fehlerfrei gewesen sein. Wie das Deviationsjournal und das Schiffsjournal ergeben, hat es der Führer der „Union", Schiffer Köhn, an Beaufsichtigung und Controlirung seiner Compasse nicht fehlen lassen nnd noch am Vormittag vor der Strandung die Compaß-Deviation durch Azimuthbeobachtungen nach der Sonne festgestellt; es bleibt demnach nur die Erklärung übrig, daß die Compasse durch die Eisenladung und den anhaltenden östlichen Curs erheblich und plötzlich beeinflußt worden sind.

Eine Strömung nach Süden hat der Schiffer beobachtet und die Wahl seines Curses auch berücksichtigt, indem er statt der gefundenen Deviation von 1/2 Strich nach Osten einen vollen Strich Ostdeviation in Rechnung stellte.

Läßt sich nun zwar die eigentliche Ursache der starken und ungewöhnlichen Versetzung des Schiffes nicht mehr mit Bestimmtheit feststellen, so ist doch soviel gewiß, daß die Strandung hätte vermieden werden können und müssen, wenn Schiffer Köhn, wie es nach den örtlichen Verhältnissen seine Pflicht war, das Loth in sachgemäßer Weise gebraucht hätte. Besonders belastend ist für ihn die Unterlassung des Lothens am Mittag des 4. December, als man die Breite observirt hatte, ingleichen daß er sich zu dieser Zeit darauf beschränkte, unter Rückrechnung der zwischen Mittag und der um 8 Uhr morgens, dem Zeitpunkte der letzten Lothung, zurückgelegten Distanz die damals gefundene Wassertiefe zur Grundlage seiner Ortsbestimmung zu nehmen. Wegen der Strömung, die während dieser vier Stunden das Schiff erheblich weiter nach Osten gebracht haben mußte, konnte die von ihm angenommene Länge am Mittag des 4. December nicht richtig sein, sondern es mußte das Schiff schon weit östlicher stehen, was er durch einen einzigen Lothwurf hätte feststellen können und sollen.

Daß Schiffer Köhn das am folgenden Morgen gegen 2 Uhr in Sicht gekommene Licht von Boyberg nicht sofort als dieses erkannte, sondern zunächst für ein Schiffslicht hielt, war verzeihlich. Denn von seinem Standpunkte aus konnte er das Vorhandensein eines Landfeuers an Backbord voraus überhaupt nicht annehmen, zumal jenes Licht nach eidlicher Aussage des Matrosen Heckmann nicht ein festes Feuer, sondern — vielleicht anläßlich der diesigen Luft über dem Lande — ein flackerndes unbeständiges Licht zu sein schien. Immerhin aber hätte ihn das Auftauchen jenes als Fischerlicht angesprochenen Lichts daran erinnern sollen, daß er sich wahrscheinlich in der Nähe von Land befinden werde, da ja die Fischer vielfach nicht weit ab vom Lande ihrem Gewerbe obliegen. Ein vorsichtiger Schiffer würde sich jetzt durch einen Lothwurf über seinen Abstand vom Lande vergewissert haben. Schiffer Köhn unterließ dies nicht allein, sondern er beging die weitere und gröbere Unvorsichtigkeit, daß er, als ihm Zweifel darüber aufstießen, ob das an Backbord gesichtete Licht wirklich von einem Fischerfahrzeuge herrühre und nicht vielmehr ein festes Landfeuer sei, doch seinen Curs unverändert beibehielt und sich zur Feststellung des Näheren zunächst ins Kartenzimmer begab, anstatt sofort seewärts abzudrehen, bis er das Feuer an Steuerbord hatte. Denn es mußte ihm klar sein, daß er ein festes Feuer nur dann an Backbord haben könne, wenn er bereits dicht unter Land stand. Jeder erfahrene Schiffer würde zunächst abgedreht und nun erst seinen Schiffsort auf das genaueste zu bestimmen versucht haben. Hätte auch Köhn so gehandelt, so wäre die Strandung sicher vermieden worden, denn es war dann noch Raum und Zeit genug vorhanden, um das freie Wasser zu gewinnen. Aber statt zum einzig Richtigen, das so nahe lag, sich rasch zu entschließen, tastete er unsicher umher und versäumte den kostbaren letzten Augenblick zur Rettung. Trifft ihn deshalb mit Recht ein schwerer Vorwurf, so steht ihm doch entschuldigend zur Seite, daß er noch jung und unerfahren war und erst seit einigen Monaten selbständig ein Schiff führte. Das Maß von richtigem Blick und rascher Entschlossenheit, über das ein befahrener älterer Schiffer verfügen muß, kann bei ihm noch nicht vorausgesetzt werden. Der von ihm gewählte Curs war an sich völlig richtig. Nach der Strandung hat er in voller Ruhe und Besonnenheit alles gethan, was den Umständen entsprach und dadurch das Seinige zu der glücklichen Rettung der ganzen Besatzung beigetragen. Nach den zahlreichen günstigen Zeugnissen über seine Thätigkeit als Matrose, Steuermann und zuletzt auch als Schiffer muß er für einen pflichttreuen, zuverlässigen und in seinem Berufe recht tüchtigen jungen Mann gehalten werden. Auch seine Rhederei hat ihm trotz des verschuldeten Unfalls bereits wieder ein neues Schiff anvertraut. Nach allem diesen muß das Ober=Seeamt annehmen, daß Schiffer Köhn sich zwar eines einzelnen Versehens schuldig gemacht, die Strandung seines Schiffes aber nicht in Folge des Mangels solcher Eigenschaften, welche zur Ausübung seines Gewerbes erforderlich sind, verschuldet hat. Das Ober=Seeamt kann daher zur Abänderung des angefochtenen seeamtlichen Spruchs Veranlassung nicht finden und glaubt überzeugt sein zu können, daß Schiffer Köhn das Erlebte sich zur heilsamen Lehre nehmen und in seinem Berufe es fernerhin nicht an der nöthigen Vorsicht und Umsicht fehlen lassen werde.

Die baaren Auslagen des Beschwerdeverfahrens mußten außer Ansatz bleiben, weil die Beschwerde vom Reichscommissar eingelegt worden ist.

## 29. Spruch des Seeamts zu Bremerhaven vom 14. Mai 1892, betreffend den Zusammenstoß des Schraubendampfers „Havel" von Bremen mit der italienischen Bark „Mascotta".

Der Spruch des Seeamts lautet:

Der Zusammenstoß des Schraubendampfers „Havel" mit der italienischen Bark „Mascotta", wobei letztere sank und zwei Mann der Besatzung ertranken, ist darauf zurückzuführen, daß der unter Zwangslootsenführung fahrende Dampfer „Havel" sich anscheinend nicht im richtigen Fahrwasser befunden, den Grund berührt und dem Ruder nicht mehr hat gehorchen wollen.

Die Verordnung über das Verhalten der Schiffer nach einem Zusammenstoß ist nicht befolgt. Eine Hülfeleistung erschien im vorliegenden Falle allerdings nicht erforderlich, da anderweite Hülfe in unmittelbarer Nähe ausreichend vorhanden war.

Gründe. Der Schraubendampfer „Havel", Unterscheidungs-Signal QFLM, Heimathshafen Bremen, Rhederei der Norddeutsche Lloyd in Bremen, vermessen zu 10697,8 cbm = 3776,33 britischen Register-Tons Netto-Raumgehalt, ist im Jahre 1890 in Stettin gebaut, hat eine dreifache verticale Expansionsmaschine mit 6 Doppel- und 4 einfachen Kesseln, welche 12500 Pferdestärken indicirt. Er ist beim Germanischen Lloyd mit Classe ✠ A. 4. classificirt und hat eine Besatzung von 232 Mann. Schiffer ist Th. Jüngst in Bremerhaven.

Am 18. Februar 1891 nachmittags 1 Uhr verließ der Dampfer „Havel" den Pier in Hoboken, um nach Bremerhaven zu dampfen; das Wetter war schön und klar, der Wind frisch aus NW. Es war etwa halbe Fluth. Der Dampfer hatte einen Tiefgang von 26 Fuß 7 Zoll achter und 24 Fuß 7 Zoll vorn. In der Nähe von Castle Garden wurde die Post übergenommen und dann unter Commando des Zwangslootsen Francis Connor vom Lootsenkutter No. 4 weiter gedampft. Auf der Brücke befanden sich der Schiffer, der erste Steuermann Küppers, der dritte Steuermann Obenauer und der Steuermann Schäffer. Die Steurer Helmke und Heilmann befanden sich am Ruder und der Ausguck war vorschriftsmäßig besetzt. In der Maschine waren der erste Maschinist Broichsitter und der zweite Maschinist Asch. Der Schiffer stand mit dem Lootsen an Steuerbordseite auf der Brücke, der erste Steuermann an Backbordseite, der dritte Steuermann neben dem Mann am Ruder und der vierte Steuermann am Maschinentelegraphen. Nach Ansicht des Schiffers hielt der Lootse das Schiff zu dicht an der Long Island-Seite. Er machte ihn, wie sämmtliche auf der Brücke Bedienstete bezeugen, mehrmals darauf aufmerksam; der Lootse erwiderte jedoch, sie seien mitten im Canal. Schon bei Castle Garden wurde von der Brücke aus eine Bark im Tau eines Schleppers etwa 4 Strich an Backbord voraus in einer Entfernung von zwei bis drei Seemeilen gesichtet, die anscheinend quer über das Fahrwasser hinüber nach einem der Docks den Bug des Dampfers kreuzen wollte. Nach Aussage des ersten und des dritten Steuermanns machte ersterer den Lootsen auf die Bark aufmerksam, als sie nach Meinung der Steuerleute nur noch eine Seemeile entfernt war. Der Lootse erklärte, sie seien noch weit genug entfernt, ließ aber das Ruder Steuerbord legen und da dies ohne Wirkung schien, gleich darauf hart Steuerbord. Das Commando wurde sofort ausgeführt. Da das Schiff aber dem Ruder nicht gehorchte und ein Zusammenstoß unvermeidlich schien, griff der Schiffer ein, gab der Maschine das Commando „Stopp" und unmittelbar darauf „volle Kraft rückwärts". Der Dampfer fuhr seit 1 Uhr 34 Minuten mit voller Kraft, hatte aber noch nicht seine volle Fahrtgeschwindigkeit erreicht. Nach Ansicht des Schiffers machte der Dampfer 16 bis 17 Seemeilen in der Stunde und nach Aussage des ersten Maschinisten Broichsitter machte die Maschine, als das Commando „Stopp" kam, 60 Umdrehungen in der Minute, während sie deren 70 machen kann. Um 1 Uhr 40 Minuten wurde dies Commando gegeben; die Maschine gehorchte nach Aussage der Maschinisten Broichsitter und Asch prompt; die Umsteuerung erfolgte in 10 bis höchstens 15 Secunden.

Höchstens zwei Minuten darauf, als das Schiff nach Ansicht des Schiffers nur noch eine Geschwindigkeit von drei Seemeilen hatte, erfolgte der Zusammenstoß. Die Bark wurde an Steuerbordseite zwischen Fock- und Großwant getroffen, derart, daß sie sofort sank, wie sie vom Bug des Dampfers frei war.

Die untergegangene Bark war die in Genua beheimathete „Mascotta", Schiffer Agostino Fazio, welche mit einer Ladung Zucker, getrockneten Häuten, Pockholz und Honig von San Domingo nach Brooklyn bestimmt, nach den Union Store dort durch den Schleppdampfer „Defiance" geschleppt wurde.

Nach den Aussagen des Schiffers und der Mannschaft der Bark „Mascotta" vor dem italienischen Consul in Newyork haben die Führer des Dampfers „Defiance" und der Bark „Mascotta" schon auf einige Seemeilen Entfernung den Schnelldampfer auf sie zukommen sehen. Der Schleppdampfer „Defiance" hat auch zweimal mit der Dampfpfeife Signale gegeben, ohne daß dieselben vom Schnelldampfer beantwortet wären. Der Schnelldampfer habe auch anscheinend weder seine Fahrtrichtung geändert, noch seine Fahrtgeschwindigkeit gemäßigt. Wie dem Schiffer Fazio nun der Zusammenstoß unvermeidlich erschienen, habe er die gesammte Mannschaft, die sich zufällig gerade sämmtlich auf Deck befunden hätte, nach hinten gerufen und da keine

Zeit mehr gewesen, die Boote auszusetzen, in die Wanten zu klettern befohlen. Alle kamen dieser Aufforderung nach bis auf einen, den Schiffsjungen Adolfo Castellari, der, wie der Schiffer Fazio annimmt, in der Verwirrung des Augenblicks anstatt in die Wanten zur Koje gegangen und mit dem untergehenden Schiffe ertrunken sein werde. Wahrscheinlich ist dies aber nicht der Fall; denn von der Bark „Mascotta“ werden nur zwei Schiffsjungen vermißt und zwar außer dem genannten Castellari noch der Giacomo oder Giovanni Carosio. Nun hat der Matrose Rühlow vom Dampfer „Havel“ zwei Menschen nach dem Zusammenstoß im Wasser schwimmen sehen, von denen, wie er eidlich bekräftigt hat, der eine von einem der herbeigekommenen Schlepper überfahren und nicht wieder zum Vorschein gekommen ist, der andere aber, dem erst der Matrose Masuhr vom Dampfer „Havel“, wie derselbe unter Eid bezeugt, einen Seelenretter zugeworfen hatte, den der schwimmende Junge nicht hatte erreichen können und dem dann noch, wie von demselben, Masuhr, und Schiffer Fazio bezeugt wird, noch von einem der Schlepper ein Ende zugeworfen war, das der Junge auch nicht zu erfassen vermocht, ebenfalls weggesunken und nicht wieder zum Vorschein gekommen ist. Beide Vermißte sind somit bei dem Versuch, sich durch Schwimmen zu retten, ertrunken. Der Steuermann der Bark „Mascotta“, Marco Ripetto del fu Giacinto, ergriff bei dem Zusammenstoß die Ankerkette des Schnelldampfers und kletterte auf diesen Dampfer über. Er sah hier, seiner Aussage nach, seine Gefährten in den Wanten hängen und will, einmal weil er der englischen Sprache nicht ausreichend mächtig gewesen, sodann aber, weil schon zwei Schleppdampfer in der Nähe der Unfallstelle sich befanden, dem Schiffer Jüngst nicht den Wunsch ausgedrückt haben, er möchte doch ein Boot aussetzen. Dieser Steuermann wurde später an den Zollkutter übergeben.

Bei dem Zusammenstoß rief der erste Steuermann Küppers den auf der Back des Schnelldampfers beschäftigten Mannschaften zu, sich in acht zu nehmen und zurückzugehen, damit sie nicht von den etwa überfallenden Trümmern der Bark verletzt würden, was von ihnen befolgt wurde. Alsdann arbeitete der Dampfer sich schnell klar von der Bark, die unmittelbar darauf sank, und ging mit Hartsteuerbordruder, wie der Matrose Helmke bezeugt, noch eine Strecke, der Schiffer Fazio sagt eine viertel Seemeile, zurück, gerieth im Schlick fest und blieb hier eine Weile stecken. Der Schiffer Jüngst hat dann noch, wie der Steurer Heilmann aussagt, erklärt, wenn das nicht anders werde, müsse er einen andern Lootsen haben. Der Dampfer wurde untersucht, ob er durch den Zusammenstoß Beschädigungen davongetragen und, da nur einige Beulen am Steven entstanden waren, wurde beschlossen, die Reise fortzusetzen. Mit hart Backbordruder kam der Dampfer aus dem Schlick heraus ins Fahrwasser und dampfte zunächst langsam und dann mit voller Kraft weiter. Ein Boot wurde nicht ausgesetzt, überhaupt Maßregeln zur Rettung der Schiffbrüchigen nicht ergriffen, obgleich, wie Schiffer Fazio behauptet, die Besatzung der Bark noch in den Wanten saß. Die Rettung der Mannschaft wurde von dem Schleppdampfer „Defiance" und zwei andern Schleppern, die alsbald nach dem Zusammenstoß an der Unfallstelle sich einfanden, bewerkstelligt.

Ausweislich des Maschinentagebuchs des Dampfers „Havel" sind seit dem Augenblick, da das Commando „volle Kraft rückwärts" in die Maschine gegeben wurde und bis er im Schlick festsaß, nur vier Minuten verflossen.

Was zunächst die Ursache des Zusammenstoßes anlangt, so hat das Seeamt aus vorstehendem Thatbestand die Ueberzeugung geschöpft, daß der Dampfer „Havel" sich außerhalb des Fahrwassers befunden hat. Die Vermuthung des Schiffers wird bestätigt durch die Maschinisten Broichsitter und Asch, welche in der Maschine gespürt haben wollen, daß der Dampfer während der Fahrt über den Grund gescheuert hat. Sie wird bestätigt durch den Umstand, daß der Dampfer, als er sich von der Bark freigearbeitet hatte, bald darauf im Schlick festgerathen und eine Weile sitzen geblieben ist. Bestätigt wird sie ferner durch die Thatsache, daß der Dampfer, welcher nach Angabe der Steuerer bis dahin sehr gut gesteuert hat, plötzlich dem Ruder nicht hat gehorchen wollen. Endlich aber wird sie nach Ansicht des Seeamts erwiesen durch die Erklärung des Lootsen Francis Connor, welcher anfänglich dem Schiffer gegenüber beharrlich daran festgehalten hatte, daß er sich mitten im Fahrwasser befunden. Dieser Lootse hat nämlich nach einem Schreiben des Kaiserlich deutschen Generals-Consulats in New-York vom 24. März 1891, seiner vorgesetzten Behörde, der Board of Commissioners of Pilots nachstehenden amtlichen Bericht erstattet: February 19th 1891. Francis Connor, pilot of S. S. Havel, reports that: »Bound out 18th inst. about $1^{45}$ p. m., opposite Bay Ridge, about Midchannel or a little East of it, ran into Bark »Mascotta« and sunk her — we proceeded to sea. I understood there were two men drowned on the Bark«. Die Worte »or a little East of it« lassen trotz ihrer Kürze und Bündigkeit keinen Zweifel mehr darüber zu, daß auch der Lootse eingesehen hat, daß der Dampfer sich nicht im Fahrwasser befunden hat.

Das Seeamt trägt daher auch kein Bedenken, dem Lootsen Connor die volle Schuld an dem Zusammenstoß beizumessen. Es erhebt auch keinen Vorwurf gegen den Schiffer Jüngst deswegen, daß er nicht in die Führung dieses Zwangslootsen eingegriffen hat. Richtiger wäre es allerdings gewesen, wenn er, da er das Fahrwasser selbst zur genüge kannte, sofort, wie er einsah, daß der Dampfer zu weit nach der Long Island-Seite gerathen, eingegriffen und das Ruder mehr Backbord hätte legen lassen, um wieder ins Fahrwasser zu kommen. Der Unfall wäre dann wahrscheinlich vermieden worden, da kein Grund zu der Annahme vorliegt, der Dampfer werde auch im Fahrwasser dem Ruder nicht gehorcht haben. Die Scheu des Schiffers, in die Anordnungen des Lootsen einzugreifen, erscheint um so weniger gerechtfertigt, als er später und, wie das Seeamt annimmt mit Recht, über den Kopf des Lootsen hinweg das Commando „volle Kraft rückwärts" in die Maschine gab.

Das Seeamt hätte es auch für richtiger gehalten, wenn der Schiffer in der Richtung etwas mehr Ruhe und Kaltblütigkeit gezeigt hätte, daß er nach dem Zusammenstoß statt zurückzugehen, an und in der angerannten Bark geblieben wäre, bis die Besatzung der Bark gerettet sein würde, da er sich sagen mußte, daß die Bark, sowie der Dampfer von ihr klar sein werde, sofort wegsinken werde; was denn auch geschehen ist. Seine Entschuldigung, daß es unbedingt erforderlich gewesen, sofort rückwärts zu gehen, da sonst Raaen, Stengen und dergleichen von der Bark auf das Deck des Dampfers hätten niederfallen und Menschen tödten oder verletzen können, hat das Seeamt als durchschlagend nicht ansehen können, wenngleich es hieraus einen Vorwurf gegen den Schiffer nicht herleitet.

Daß dagegen vom Schiffer Jüngst auch nicht das Geringste zur Rettung der Mannschaft der Bark geschehen ist, hat das Seeamt ohne ernste Rüge nicht hingehen lassen zu können geglaubt. Die Kaiserliche Verordnung vom 15. August 1876 über das Verhalten der Schiffer nach einem Zusammenstoß von Schiffen auf See ist völlig außer acht gelassen. Die Angabe des Schiffers, daß er durch Aussetzen eines Bootes nur möglicherweise andere Gefahren und Verwirrung hätte hervorrufen, aber durchaus nicht hätte helfen können, erachtet das Seeamt als leere Ausrede. Zwar kamen Schlepper alsbald zur Stelle, welchen das Rettungswerk gelungen ist; aber immerhin konnte er vorher nicht wissen, ob dies so schnell und so vollständig der Fall sein werde und seine Unterlassung jeglicher Rettungsmaßregel giebt Zeugniß von einer großen Rücksichtslosigkeit auf Seiten des Schiffers gegenüber der Bark und deren Besatzung, die an dem Seeunfall überall ohne jede Schuld gewesen sind.

## 30. Spruch des Seeamts zu Hamburg vom 25. Mai 1892, betreffend den Zusammenstoß des Schraubendampfers „Hansa" von Hamburg mit dem Schraubendampfer „Falkenburg" von Bremen in der Nordsee.

Der Spruch des Seeamts lautet:

Der Zusammenstoß des Dampfers „Hansa" mit dem Dampfer „Falkenburg", in Folge dessen ersteres Schiff sank und 14 Personen ihr Leben verloren, ist dadurch entstanden, daß der „Falkenburg", nachdem er zuerst seiner Verpflichtung, auszuweichen, durch Steuerbordrudergeben nachgekommen war, bei dem Erscheinen des rothen Lichtes der „Hansa" auf Steuerbord irriger Weise annahm, die „Hansa" habe Backbordruder gegeben, und nunmehr seinerseits wieder mit Backbordruder aus dem Wege zu gehen suchte, während in der gegebenen Lage die Befolgung des Art. 18 correct gewesen wäre.

Den Dampfer „Hansa" trifft der Vorwurf, den Art. 22 der Kaiserlichen Verordnung nicht befolgt zu haben, in welchem Falle derselbe sich die Möglichkeit nicht benommen hätte, eventuell noch mit Backbordruder auszuweichen.

Nach dem Zusammenstoß ist man an Bord des „Falkenburg" in jeder Weise bestrebt gewesen, dem sinkenden Schiffe Hülfe zu leisten.

Thatbestand. Am 6. April 1892 fand abends zwischen 11 und 12 Uhr in der Nordsee auf der Höhe der Insel Schiermonnikoog zwischen den deutschen Dampfschiffen „Hansa" und „Falkenburg" ein Zusammenstoß statt, in Folge dessen ersteres Schiff sank.

Bei dem Unfall verloren 6 Personen der Besatzung und 8 Passagiere der „Hansa" ihr Leben.

1. Der Dampfer „Hansa", Unterscheidungs-Signal RBVT, ist ein im Jahre 1865 zu South Stockton o/T. erbautes eisernes Schrauben-

dampfschiff von 1567,1 cbm = 553,18 britischen Register-Tons Netto-Raumgehalt, welches früher unter britischer Flagge den Namen „Eptanisis" führte und im Jahre 1870 in den Besitz der Rhedereifirma H. J. Perlbach & Co. und Mitrheder überging.

Das Schiff hatte beim britischen Lloyd die Classe + A I und war dessen Casco zu M. 120000 versichert.

Das Schiff befand sich auf einer Reise von Hamburg nach London.

Geführt wurde die „Hansa" von dem Schiffer Carl Beug; die Besatzung bestand im ganzen aus 19 Personen; außerdem befanden sich 11 Passagiere an Bord.

Die „Hansa" verließ Hamburg am 6. April morgens 1 Uhr 30 Minuten mit einer vollen, hauptsächlich aus Zucker bestehenden Ladung und etwas Decklast. Der Tiefgang des Schiffes betrug 16 Fuß. Nebels wegen war man genöthigt gewesen, auf der Elbe zu ankern, und passirte die „Hansa" deshalb erst mittags 1 Uhr 20 Minuten Cuxhaven. Um 3 Uhr 20 Minuten wurde das äußerste Elbfeuerschiff passirt, um 5 Uhr das Weserfeuerschiff. Um 10 Uhr 15 Minuten fuhr die „Hansa" dicht bei dem Borkum Feuerschiff vorüber. Der Wind wehte aus NW; man steuerte W½S, auf welchem Curse man einen viertel Strich West Deviation hatte. Es war heller Mondschein. Der zweite Steuermann Hermann Heinrich August Heuck hatte die Wache; auf Ausguck auf der Back befand sich Matrose Bathke; das Ruder bediente auf dem Hinterdeck Matrose Heitmann; außerdem befand sich Matrose Köhn an Deck. Im Maschinenraum hatte der zweite Maschinist Zehrfeld die Wache.

Gegen 11 Uhr wurde es nebelig und rief deshalb Steuermann Heuck den im Kartenhaus unter der Brücke befindlichen Schiffer Beug herauf. Die beiden Wachthabenden unterhielten sich darüber, ob die Fahrgeschwindigkeit zu ermäßigen sei; doch war Schiffer Beug der Ansicht, daß die Luft bei dem fliegenden Nebel bald wieder heller werden würde. Nach den Angaben des Steuermanns Heuck konnte man 15—20 Schiffslängen voraus sehen. Etwa 20 Minuten, nachdem Schiffer Beug auf die Brücke gekommen war, meldete Matrose Bathke ein grünes Seitenlicht und eine Toplaterne etwas an Backbord voraus.

Bei den verschiedenen Vernehmungen in Delfzyl, vor dem Seemannsamt und dem Seeamt in Hamburg, giebt Steuermann Heuck jenes auch von ihm und dem Schiffer Beug wahrgenommene Erscheinen der Lichter auf 1, 1½ bis 2 Strich an Backbord an, in einer

Entfernung von ungefähr einer Seemeile oder etwa 15 Schiffslängen. Gleichzeitig sahen die Wachthabenden, daß jene Lichter nach Steuerbord auswanderten. Man hörte dann zwei kurze Töne von jenem Dampfer und, da die Lichter bis ungefähr recht voraus kamen, sagten sich Schiffer Beug und Steuermann Heuck gegenseitig, daß jener Dampfer die „Hansa" an Steuerbord passiren wolle und daß man, um ganz sicher zu gehen, Steuerbordruder geben müsse. Schiffer Beug rief dann dem Rudersmann nach hinten zu „hart Steuerbord", welches Manöver auch sofort ausgeführt wurde.

Während des Abdrehens nach Backbord kamen nun plötzlich 2—3 Strich an Steuerbord alle 3 Lichter des Gegendampfers in einem Winkel von 45 Grad in geringer Entfernung in Sicht. Schiffer Beug rief nun dem Rudersmann zu „hart Backbord" und dem an den Maschinentelegraphen geeilten Steuermann Heuck „Stopp, volle Kraft rückwärts". Rudersmann Heitmann versuchte das Ruder noch wieder zurückzudrehen, doch ehe dies zur Ausführung kam, rannte jener herankommende Dampfer an Steuerbordseite an der Vorderkante der Brücke in jenem Winkel, in welchem die Lichter in Sicht gekommen waren, in die „Hansa" tief hinein. Das Maschinencommando war noch ausgeführt worden; doch fand der Zusammenstoß bereits statt, als die Maschine kaum rückwärts angesetzt hatte.

Rudersmann Heitmann giebt an, daß das Ruder, als das Backbordcommando erfolgte, noch nicht ganz hart Steuerbord gelegen habe, er wohl noch etwas weiter habe drehen können. Das Zurückdrehen des Ruders auf das Backbordcommando sei von keiner Wirkung gewesen. Steuermann Heuck giebt das Abdrehen der „Hansa" unter dem Steuerbordruder auf 3—4 Striche an.

Als der Zusammenstoß erfolgte, war der Schiffer von der Brücke verschwunden. Steuermann Heuck, welcher das augenblickliche Sinken der „Hansa" erwartete, kletterte an dem in die „Hansa" eingedrungenen Steven des sich als der Bremer Dampfer „Falkenburg" ausweisenden Schiffes über, half dann noch einigen, ihm nachfolgenden Leuten gleichfalls auf jenes Schiff hinauf und eilte dann nach hinten und half ein Boot des „Falkenburg" mit auszusetzen, um der sinkenden „Hansa" zur Hülfe zu kommen. Mit zwei Matrosen der „Hansa" ruderte derselbe dann nach der Unglücksstätte; er fand die „Hansa" bereits gesunken, rettete zunächst den Zimmermann, welcher sich an einem der aus dem Wasser hervorragenden Masten des Schiffes angeklammert hatte, und barg dann noch von der im Wasser treibenden Deckslast den ersten Steuermann, den zweiten Maschinisten, einen

Matrosen und einen Passagier. Nachdem dann noch eine Stunde lang nach weiteren im Wasser treibenden Personen gerufen und gesucht war, kehrte das Boot nach dem „Falkenburg“ zurück, von welchem inzwischen ein zweites Boot ausgesetzt worden war; doch hatte auch dieses Boot keine weiteren Ueberlebenden aufgefunden.

Der erste Steuermann Götz erzählt, daß er auf den Zuruf des zweiten Steuermanns hin gleichfalls versucht habe, auf den „Falkenburg“ überzuklettern, daß er jedoch bei diesem Versuch zwischen beide Schiffe gefallen sei und dann versucht habe, den „Falkenburg“ durch Schwimmen zu erreichen; das Schraubenwasser habe ihn aber zurückgeworfen. Dann sei er an Bord der „Hansa“ zurückgekehrt und habe mitgeholfen, das Boot auszusetzen; dort seien auch der Schiffer Beug, der Rest der Mannschaft und die Passagiere gewesen. Bei dem Wegsinken der „Hansa“ sei dies Boot gekentert und in Folge dessen viele der Mannschaft und Passagiere umgekommen. Steuermann Götz hielt sich an einer zur Deckslast gehörenden Kiste mit Glaswaaren über Wasser.

Nach den Angaben des zweiten Maschinisten und mehrerer Feuerleute lief der Maschinenraum sofort voll Wasser.

An Bord des „Falkenburg“ stellte es sich heraus, daß folgende Personen bei dem Untergange der „Hansa“ ihr Leben verloren hatten:

von der Mannschaft:

1. Schiffer Carl Beug aus Wolgast,
2. der erste Maschinist Johannes Heinrich Eduard Lahrsen aus Hamburg,
3. der Matrose Berthold Rath aus Großenwärder,
4. der Hilfsmaschinenwärter Johann Friedrich Hellenberg aus Willingrade,
5. der Kohlentrimmer Johann Friedrich Carl Manzelmann aus Cummerwerder-Heide,
6. der Kohlentrimmer Georg August Wöhler aus Edenissen;

von den Passagieren:

7. Frau Clara Schleifstein geb. Blättner aus London,
8. deren Sohn Morris Schleifstein, 2½ Jahre alt,
9. deren Tochter Mimi Schleifstein, 1 Jahr alt,
10. Wittwe Clara Dietzold geb. Scheidt,
11. deren Sohn Benno Dietzold, 17 Jahre alt,
12. Hersk Hudesk, alias Harris Hudes aus Gumbinnen,
13. Franz Lewesky, alias Franz Lewins aus Simna in Rußland,
14. ein englischer Matrose, angeblich namens Gibson.

Von dem auf der Backbordseite der Back stehenden Ausgucksmann der „Hansa" werden die Lichterscheinungen in gleicher Weise angegeben, wie von dem Steuermann Heuck; indeß will derselbe das grüne und Toplicht des „Falkenburg" immer nur an Backbord gesehen haben, und sah er die 3 Lichter gerade voraus in Sicht kommen. Ausgucksmann Bathke will im ganzen 3—4 Dampfpfeifensignale von dem Gegendampfer gehört haben, und zwar nachdem auf der „Hansa" das Commando Steuerbord erfolgt war.

Auch der auf dem Vorderdeck auf- und abgehende Matrose Köhn will zunächst das Commando Steuerbord und darauf zwei kurze Töne der Dampfpfeife des anderen Schiffes vernommen haben, während Steuermann Heuck bei seiner Behauptung verbleibt, daß jene zwei kurzen Töne mit der Dampfpfeife vor dem Steuerbordrudercommando ertönten.

2. Der Dampfer „Falkenburg", Unterscheidungs-Signal QDVM, ein im Jahre 1884 zu Elbing erbauter eiserner Schraubendampfer von 3246,7 cbm = 1146,09 britischen Register-Tons Netto-Raumgehalt, gehört der Actiengesellschaft Deutsche Dampfschiffahrts-Gesellschaft „Hansa" in Bremen und ist daselbst beheimathet. Geführt wurde das Schiff von dem Schiffer Hermann Frerichs; die Mannschaft bestand aus im ganzen 25 Personen.

Das Schiff hatte Buenos Aires am 4. März mit der Bestimmung nach der Weser verlassen, am 6. April abends 5 Uhr 30 Minuten das Terschelling-Feuerschiff erreicht und erhielt kurz nachher aus einem oldenburger Lootsenschooner den Weserlootsen Paradies an Bord. Das Wetter war schön, der Wind NW, die obere Luft sternklar. Man steuerte nach dem Borkum-Feuerschiff hin O¾Nord mißweisend.

Es war die Wache des ersten Steuermanns August Friedrich Johann Pankow; am Dampfruder auf der Brücke befand sich Matrose Göring, auf Ausguck die Matrosen Ott und Lemke. Um 10 Uhr 45 Minuten kam der Lootse Paradies zu dem Steuermann auf die Brücke. Der Steuermann sagte demselben bei seinem Erscheinen, es scheint nebelig zu werden, stellte den Maschinentelegraph auf Achtung und gab einige Nebelsignale. Man hörte auch das Nebelsignal eines entgegenkommenden Dampfers etwa 6 Strich an Steuerbord und erwiderte dasselbe. Als man von jenem Dampfer frei war, bat Pankow den Lootsen, auf der Brücke zu bleiben, er wolle den Schiffer Frerichs rufen.

Während der Abwesenheit des Steuermanns, welche kaum eine Minute dauerte, gab der Lootse noch ein Nebelsignal. Auch

Pankow gab noch mehrere Nebelsignale, ohne eine Erwiderung auf dieselben zu erhalten.

Plötzlich kamen etwa 1/2 Strich an Steuerbord voraus das Toplicht und das grüne Seitenlicht eines Dampfers in Sicht, wie Lootse Paradies angiebt, in etwa einer Seemeile Abstand; die Umrisse des Schiffes selbst sah man noch nicht. Sogleich ließ Steuermann Pankow das Ruder Steuerbord legen. Rudersmann Göring will das Commando hart Steuerbord bekommen haben und das Ruder auch gleich so gelegt haben. Steuermann Pankow sah, daß das Ruder den richtigen Weg gelegt wurde, und gab gleichzeitig zwei kurze Töne mit der Dampfpfeife. Jenes grüne Licht des Gegendampfers kam dadurch zwei Striche auf Steuerbord.

Jetzt kam plötzlich das rothe Licht jenes Dampfers auf Steuerbord in Sicht, nach Steuermann Pankow etwa 1 Strich auf Steuerbord, und im selben Augenblick betrat auch Schiffer Frerichs die Brücke mit der Frage: „Wo ist das Schiff?" Wie aus einem Munde antworteten Steuermann Pankow und der Lootse: „Erst hat er uns sein grünes Licht gezeigt und jetzt zeigt er das rothe; das grüne Licht verschwindet". Steuermann Pankow rief jetzt „hart Backbord", sprang dann selbst mit an das Ruder und gab, während er mit der einen Hand das Ruder drehte, mit der anderen Hand ein kurzes Signal mit der Dampfpfeife, um jenem Dampfer die Backbordruderlage auf dem „Falkenburg" anzuzeigen, weil er voraussetzte, daß jener Dampfer Backbordruder gegeben habe. Schiffer Frerichs überzeugte sich selbst ebenfalls von dieser Ruderlage und gab noch ein Backbordrudersignal mit der Dampfpfeife.

Die Entfernung der Schiffe betrug nach Pankow's Angabe jetzt nur noch eine viertel Seemeile, nach Lootse Paradies waren die Schiffe da nicht mehr weit von einander entfernt. Der „Falkenburg" gehorchte jener Ruderlage, und kam das rothe Licht des Gegendampfers eben klar an Backbord, so daß, wie Lootse Paradies angiebt, er sowohl wie die beiden Schiffsführer ausriefen „es geht klar". Lootse Paradies stand in der Mitte auf der Brücke. Das Ruder blieb so liegen. Darauf verschwand plötzlich das rothe Licht wieder und kam das grüne an dessen Stelle in Sicht. Da jetzt der Abstand der Schiffe ein so kurzer war, daß die Collision unvermeidlich schien, telegraphirte Schiffer Frerichs in die Maschine „Stopp" und „volle Kraft rückwärts", was auch sofort ausgeführt wurde, doch gleich darauf erfolgte auch schon die Collision. Maschinist Boeck giebt die Zeit des Rückwärtsarbeitens der Maschine auf etwa eine Minute an. Der „Falkenburg" hatte den anderen Dampfer, welcher die „Hansa“ aus Hamburg war, ungefähr mittschiffs auf Steuerbord getroffen. Schiffer Frerichs commandirte sofort, alle Mann auf Deck, Boot über Bord, und sah dann, wie die Leute des andern Schiffes vorn über die Back kletterten.

Durch Rückwärtsarbeiten der Maschine kamen die Schiffe bald wieder von einander frei; dann wurde die Maschine gestoppt und die Boote so schnell wie möglich ausgesetzt.

Die „Hansa“ sank aber sehr schnell fort in ungefähr 4—5 Minuten nach dem Zusammenstoß.

Mit den Booten des „Falkenburg“ wurden nur 5 Menschen gerettet.

Nach etwa einstündiger Abwesenheit vom Schiff und Suchen auf der Unglücksstelle kehrten die Boote, ohne weiteren Erfolg gehabt zu haben, zurück.

Kurz nach der Collision sah man von dem „Falkenburg“ aus einen anderen Dampfer passiren und rief diesen durch Signale herbei zur eventuellen Hülfeleistung für den „Falkenburg“, da auch dieser sich als schwer beschädigt auswies. Später stellte es sich heraus, daß man keiner Hülfe bedurfte, und setzte darauf jener Dampfer die Reise fort.

Nachdem man durch verschiedene Maßregeln das Schiff vorn zu lichten versucht hatte, setzte nunmehr auch der „Falkenburg“ die Reise fort. Bald stellte sich jedoch heraus, daß die See zu stark durch den beschädigten Bug wusch; man beschloß deshalb, Delfzyl als Nothhafen anzulaufen, und erreichte denselben am nächsten Morgen um 10 Uhr.

Die Schiffbrüchigen waren mit Kleidung und Nahrung nach besten Kräften versehen worden. Der erste Steuermann Gütz von der „Hansa“ kam in einem dermaßen erschöpften Zustande an Bord, daß es sehr vieler Mühe bedurfte, denselben am Leben zu erhalten.

Von den beiden Ausguckleuten auf der Back sind dieselben Lichtererscheinungen wahrgenommen wie auf der Brücke, und haben diese beiden Leute gleichfalls sich darüber unterhalten, daß das rothe Licht des Gegendampfers von ihrem Schiffe auf Backbord klar zeigte.

Gründe. Prüft man an der Hand der beiderseitigen Depositionen die Lage der Schiffe zu einander, so kommt man zu folgenden Erwägungen.

Die gesteuerten Curse lagen einander gerade entgegengesetzt; die „Hansa“ lag W3/4Süd (W1/2S mit 1/4 Strich westlicher Deviation), der „Falkenburg“ O¾Nord mißweisend an. Auf beiden Schiffen erblickte man zuerst das jeweilige grüne Licht des anderen Schiffes, und zwar auf dem „Falkenburg“ dasselbe ½ Strich über Steuerbord, auf der „Hansa“ 1½ Strich (im Mittel) über Backbord.

Das zeigt, daß die Schiffe nicht auf genau entgegengesetzten Linien gehalten wurden, wie dies bei genau gesteuerten Cursen hätte zutreffen müssen, und daß beide Schiffe einander auch nicht gleichzeitig gesehen haben können.

Die Beweisaufnahme hat nun ergeben, daß die „Hansa“ Handsteuerung hatte und diese hinten bedient wurde, während der „Falkenburg“ mittelst Dampfsteuers vorn auf der Commandobrücke gesteuert wurde, unter directer Controle des wachthabenden Steuermanns und des Weserlootsen. Die Annahme liegt daher sehr nahe, daß die „Hansa“ naturgemäß mehr gegiert haben wird.

Ein gleichzeitiges Sichten kann aber auch nicht stattgefunden haben, denn sonst hätten unbedingt bei entgegenliegenden Cursen die jeweiligen beiden Lichter in Sicht kommen müssen.

Der hier anscheinend vorliegende Widerspruch löst sich aber, sobald man annimmt, daß der „Falkenburg“ das grüne Licht der „Hansa“ zuerst gesichtet hat, und zwar als dieses Schiff in Folge des Gierens von dem gerade entgegenlaufenden Curse nach Backbord überschor. Dadurch kam auf dem „Falkenburg“ dann das grüne Licht der „Hansa“ in der gegebenen Peilung in Sicht. Auf dem „Falkenburg“ gab man nun Steuerbordruder, wodurch das grüne Licht der „Hansa“ etwa zwei Strich nach Steuerbord auswanderte. Inzwischen schor die „Hansa“ von jenem nach Backbord unternommenen Gier zurück, wobei es nichts Ungewöhnliches ist, daß das Schiff nunmehr etwas nach der entgegengesetzten Seite abdreht. Dadurch kommt das rothe Licht der „Hansa“ auf Steuerbord des „Falkenburg“ in Sicht, während man nun erst überall auf der „Hansa“ das grüne Licht des „Falkenburg“ über Backbord sichtete und dasselbe nach Steuerbord hinüberwandern zu sehen glaubte. Auf der „Hansa“ giebt man inzwischen Steuerbordruder, um dem grünen Lichte mehr Raum zu geben, während jenes Erscheinen des rothen Lichtes auf Steuerbord des „Falkenburg“ die Veranlassung zu dem verhängnißvollen Backbordruder des „Falkenburg“ wird. Durch dies letztere Manöver erscheinen dann die 3 Lichter des „Falkenburg“ auf Steuerbord der nach Backbord abfallenden „Hansa“, und erfolgt kurz darauf der Zusammenstoß.

Was nun das Verhalten beider Schiffe in jenen kritischen Lagen anbetrifft, so mußten die Schiffe, obwohl sie thatsächlich auf entgegengesetzten Cursen lagen, aus jenen Lichtererscheinungen doch annehmen, daß nicht die Ausweichevorschriften des Art. 15 der Kaiserlichen Verordnung vom 7. Januar 1880 anzuwenden seien; denn Absatz 3 jenes Artikels schließt die Anwendung desselben in solchen Lagen ausdrücklich aus.

Das Verhalten beider Schiffe hatte sich vielmehr nach Art. 16 zu regeln.

Das ist in gewisser Weise auch geschehen.

Dies legte aber in weiterer Folge der „Hansa" die Verpflichtung auf, nach Art. 22 ihren Curs beizubehalten.

Das hat man aber auf der „Hansa" nicht gethan; man hat vielmehr, als noch das grüne Licht des „Falkenburg" auf Backbord der „Hansa" in Sicht war, Steuerbordruder gegeben.

Als Motiv für dies Manöver giebt Steuermann Heuck in seiner ersten Vernehmung vor dem deutschen Consul in Delfzyl, sowie später vor dem Seemannsamt in Hamburg an, daß man dies gethan habe, „um ganz sicher zu gehen", weil man aus dem Auswandern der Lichter nach Steuerbord annehmen zu müssen glaubte, daß jener Gegendampfer Steuerbord zu Steuerbord passiren wolle. In der seeamtlichen Verhandlung hat Steuermann Heuck besonders Gewicht darauf gelegt, daß man vor dem Steuerbordruderlegen auf der „Hansa" das, die gleiche Ruderlage des „Falkenburg" anzeigende Signal (2 kurze Töne) gehört habe, daß jener Gegendampfer somit ihm seinen Curs angezeigt und man auf der „Hansa" nur diesem Rudermanöver entsprechend gehandelt habe.

Andere Zeugen der „Hansa" haben dem widersprochen, und will Ausgucksmann Rathke das Steuerbordruder-Commando überall erst nach Abgabe der von ihm sogar gehörten 4 Dampfpfeifensignale des „Falkenburg" gehört haben.

Eine völlige Aufklärung über den wahren Sachverhalt mit jenen Signalen und dem Rudercommando hat sich nicht erzielen lassen.

Es kann auch dahin gestellt sein, ob jene Dampfpfeifensignale vor oder nach dem Commando Steuerbord auf der „Hansa" gehört sind, respective theilweise wirklich erst dann ertönten.

Das Seeamt hat aus jenen Angaben des Steuermanns Heuck, namentlich vor dem Consul zu Delfzyl, da sie jedenfalls den frischesten Eindruck der Situation wiedergeben, die Ueberzeugung gewonnen, daß man auf der „Hansa" mit jenem Rudermanöver dem Gegendampfer in seinen Manövern hat zu Hülfe kommen wollen.

Nun fragt es sich, ob dies nicht richtig war, da man sich doch durch jene Ruderlage von dem entgegenkommenden Dampfer entfernte und den Manövern des anderen Dampfers entsprechend handelte.

Allein jene Ausweicheregeln sind stricte zu befolgen und gestatten ein Abweichen von denselben nur zur Abwendung unmittelbarer Gefahr. Solche unmittelbare Gefahr lag indeß hier zu jener Zeit nicht vor; im Gegentheil, man sah auf der „Hansa" das grüne Licht des „Falkenburg" nach Steuerbord hinüberwandern und war selbst nicht im geringsten zweifelhaft, daß die Schiffe Steuerbord zu Steuerbord passiren würden.

Die „Hansa" hatte daher unbedingt ihren Curs beizubehalten, ganz unbekümmert darum, ob der Gegendampfer ihr seine Ruderlage anzeigte oder nicht.

Wie richtig in diesem Falle das Beibehalten des Curses seitens der „Hansa" gewesen wäre, zeigt am deutlichsten, daß man sich im weiteren Verlauf der Situation das Ausweichen unter Backborduder erschwerte; denn wenn die „Hansa" nicht in der Drehung nach Backbord begriffen gewesen, sondern statt dessen auf geradem Curse weiter gefahren wäre, so würde jedenfalls bei dem verhängnißvollen Backbordruder des „Falkenburg" ein Backbordruderlegen der „Hansa" von einiger Wirkung gewesen sein, wodurch entweder die Schiffe sich noch eben hart Backbord zu Backbord passirt, oder doch in einem viel spitzeren und weniger gefährlichen Winkel getroffen haben würden. Die Katastrophe wäre dann wohl jedenfalls nicht so verhängnißvoll geworden.

Durch jenes Steuerbordruder bot die „Hansa" dem „Falkenburg" ihre volle Steuerbordseite dar. Hierin liegt der Verstoß der „Hansa".

Der Dampfer „Falkenburg" handelte zunächst durchaus richtig, wenn er bei dem Insichtkommen des grünen Lichtes eine Verpflichtung zum Ausweichen seinerseits annahm und Steuerbordruder gab, um dem Gegendampfer, dem er nach Art. 16 der Kaiserlichen Verordnung auszuweichen hatte, mehr Raum zu geben, da die Peilung jenes grünen Lichtes nahezu voraus war.

Nun kam aber das rothe Licht der „Hansa" auf dem „Falkenburg" in Sicht, und da war es zunächst kein richtiges Manöver, daß man aus der Steuerbordruderlage sofort in die entgegengesetzte Ruderlage überging, in der Annahme, der Gegendampfer habe das frühere Steuerbordmanöver des „Falkenburg" nicht bemerkt, die Signale nicht verstanden und handle seinerseits gegen die gesetzliche Vorschrift; denn durch das nunmehrige Backbordruder mußte man abermals den Bug des Gegendampfers kreuzen, was in anbetracht dessen, daß das rothe Licht mindestens 1 Strich auf Steuerbord stand, um so schwieriger zu bewerkstelligen war.

Da man überdies bei dem nebeligen Wetter weder Entfernung noch Geschwindigkeit des anderen Schiffes mit nur einiger Sicherheit zu taxiren vermochte, die ganze Situation vielmehr zu der Erkenntniß führen mußte, daß die Schiffe einander bereits sehr nahe waren, wie dies ja durch die Aeußerung des Lootsen Paradies bestätigt wird, so entsprach jenes Manöver in der gegebenen Situation nicht der nöthigen Vorsicht.

Das Erscheinen des rothen Lichtes jenes Gegendampfers auf Steuerbord zeigte der Führung des „Falkenburg" die Gefahr des Zusammenstoßens direct an, und da man die Lichter-Erscheinung jenes anderen Fahrzeuges sich nicht erklären konnte, so war es ohne Zweifel die Pflicht der Führung des „Falkenburg", in Gemäßheit Art. 18 der Kaiserlichen Verordnung zunächst zu stoppen.

Wie in den obigen Ausführungen dargethan, unterliegt es keinem Zweifel, daß durch dies Manöver der Zusammenstoß jedenfalls vermieden worden wäre; denn in Ausführung desselben würde man der „Hansa" fortgesetzt das grüne Licht gezeigt und bald erkannt haben, daß die „Hansa" nicht unter Backbordruder lag. Die „Hansa" würde dann frei gegangen sein, während nunmehr der „Falkenburg" in Folge seiner Backbordruderlage direct in die „Hansa" hineinrannte.

Den „Falkenburg" trifft der Vorwurf, gegen Art. 24 und Art. 18 der Kaiserlichen Verordnung verstoßen zu haben.

In Folge des durch die Beweisaufnahme festgestellten Umstandes, daß das Wetter nebelig war, muß es noch in Frage kommen, ob die Schiffe nicht zu schnell gefahren seien.

Das Seeamt glaubt indeß, hieraus denselben keinen Vorwurf machen zu sollen, da das Wetter nicht in dem Maße nebelig war, daß bereits eine Herabminderung der Fahrt für erforderlich zu erachten gewesen.

Wenn der „Falkenburg" bereits Nebelsignale gab, so war dies gewiß eine richtige Vorsicht. Eine unbedingte Verpflichtung hierzu scheint dem Seeamt nach dem beiderseits bezeugten Zustande des Wetters nicht vorzuliegen; jedenfalls steht das Unterlassen dieser Maßregel an Bord der „Hansa" in keinem Zusammenhange mit der Collision.

Nach dem Zusammenstoß ist die Verordnung über das Verhalten der Schiffer nach einem solchen seitens des „Falkenburg" befolgt.

Die Beweisaufnahme hat durchaus nichts ergeben, was auf irgend eine Vernachlässigung hierbei zurückzuführen wäre.

Es erübrigt schließlich noch darauf hinzuweisen, daß nach noch stetig eintreffenden Nachrichten die Masten der „Hansa" auf der Höhe von Schiermonnikoog aus dem Wasser ragen und ein gefährliches Hinderniß für die nach der Weser und Elbe bestimmten Schiffe bilden und deren Entfernung daher dringend erforderlich ist.

## 31. Spruch des Seeamts zu Danzig vom 28. Mai 1892, betreffend den Zusammenstoß des Schraubendampfers „Brünette" von Danzig mit dem britischen Schraubendampfer „Chevington" auf der Themse.

Der Spruch des Seeamts lautet:

Die am 22. November 1891 auf der Themse in der Höhe von Cuckolds Point erfolgte Collision zwischen den Schraubendampfern „Brünette" und „Chevington" ist dadurch herbeigeführt, daß der „Chevington" versuchte, mit Steuerbordruder vor dem Bug der „Brünette" vorüberzukommen, im entscheidenden Moment aber die Maschine stoppte und rückwärts gehen ließ.

Die für die Themse bestehenden englischen Vorschriften über die Ankerführung sind nicht verletzt. Den Schiffer Diekow und den Steuermann Freywald trifft kein Verschulden.

Thatbestand. Das im Jahre 1881 aus Eisen erbaute, zu 1619,7 cbm = 571,77 britischen Register-Tons Netto-Raumgehalt vermessene, in Danzig heimathberechtigte Schraubendampfschiff „Brünette", Unterscheidungs-Signal HFST, verließ am 16. November 1891 mit einer nach London bestimmten Ladung Zucker, Oel und Weizen den Hafen von Neufahrwasser. Das Schiff lag hinten 17 Fuß 1 Zoll und vorn 14 Fuß 10 Zoll tief, war mit einer aus 16 Personen bestehenden Besatzung bemannt und wurde vom Schiffer Carl Diekow geführt, welcher das Befähigungszeugniß als Schiffer auf großer Fahrt besitzt und bereits seit Ende April 1890 Führer der „Brünette" gewesen war. Nach einer ohne besondere Zwischenfälle verlaufenen Reise traf das Schiff am 22. November morgens

2 Uhr 30 Minuten auf der Themse ein. In Gravesend erhielt die „Brünette“ einen Lootsen und dampfte dann unter Lootsencommando stromaufwärts weiter. Schiffer Diekow befand sich auf der Commandobrücke neben dem Lootsen und übermittelte die von dem letzteren gegebenen Befehle der Mannschaft seines Schiffes. Der Steuermann Freywald, gleichfalls im Besitze eines Befähigungszeugnisses als Schiffer auf großer Fahrt, stand auf der Back, um die Ausführung der vom Lootsen ertheilten Befehle zu überwachen. Am Ruder stand der Bootsmann Krause, während der Maschinist Loesnau die Maschine bediente. Bereits in der Höhe von Woolwich befahl der Lootse, den Steuerbordanker soweit herabzulassen, daß der Ankerstock vom Wasser bedeckt würde. Der Befehl wurde durch den Matrosen Hermann Czoske sofort in der Weise ausgeführt, daß der letztere die Kette aussteckte und sich dann ebenso wie der Steuermann Freywald durch wiederholtes Herabblicken über den Bug des Schiffes davon überzeugte, daß der Anker, dessen Länge vom Stock bis zur Spitze des Ankerflügels gemessen, ungefähr 4 Fuß 9 Zoll beträgt, mit dem Stock unter Wasser lag. Nachmittags gegen 3 Uhr näherte sich die „Brünette“ bei schönem, klaren Wetter und bei einer Fahrt von ungefähr 2 Knoten Cuckold's Point, wo die Themse an ihrem südlichen Ufer eine starke Biegung macht. Um diesen Vorsprung, welcher sich an der Backbordseite der „Brünette“ befand, zu umfahren, ließ der Lootse das Ruder steuerbord legen. Nur einmal und zwar, als ein Leichterfahrzeug von Steuerbord kommend, den Curs der „Brünette“ kreuzen wollte, ließ der Lootse Backbordruder geben, so daß das Schiff ungefähr ½ Strich nach Steuerbord abfiel. Gleich darauf wurde wieder Steuerbordruder gegeben und seitdem die Ruderlage nicht mehr verändert. Der „Brünette“ folgte der englische Dampfer „Chevington“ und lief, da er mit erheblich größerer Geschwindigkeit fuhr, an der Steuerbordseite der „Brünette“ auf in einem seitlichen Abstand von ungefähr 40—50 Fuß. Im Vorüberfahren gab der „Chevington“ zweimal je zwei kurze Signale mit der Dampfpfeife und zwar das zweite mal in dem Augenblicke, als er sich mit seinem Steven ungefähr in der Höhe des Fockwants der „Brünette“ befand. Gleichzeitig veränderte der „Chevington“ seinen Curs nach Backbord, augenscheinlich um vor dem Bug der „Brünette“ vorüberzukommen. Als der „Chevington“ etwa bis auf ¾ seiner Länge den Bug der „Brünette“ passirt hatte, wurde die Maschine desselben gestoppt und dann rückwärts angelassen. Inzwischen war aber die „Brünette“ trotz ihrer langsamen Fahrt in die unmittelbare Nähe des „Chevington“

gelangt und beide Schiffe stießen nunmehr in der Weise mit einander zusammen, daß der „Chevington" an seiner Backbordseite ungefähr mittschiffs in einem spitzen Winkel von etwa 22—23 ° von dem Steuerbordbug der „Brünette" getroffen wurde. In Folge des Zusammenstoßes drang der eine Flügel des Steuerbordankers der „Brünette" in die Schiffswand des „Chevington" hinein. Um die Schiffe von einander frei zu machen, mußte Schiffer Dickow einen Theil der Steuerbordankerkette slippen lassen. Der „Chevington" ist in Folge des erhaltenen Leckes demnächst gesunken, später aber wieder gehoben. Der den Eigenthümern des „Chevington" durch die Collision zugefügte Schade ist auf 200 000 M. angegeben; die „Brünette" hat durch den Zusammenstoß keinerlei Schaden erlitten, auch der Steuerbordanker nebst Kette ist demnächst zurückerstattet worden.

Die Ursache der Collision führen Schiffer Dickow und die vor dem Seeamt vernommenen Zeugen darauf zurück, daß der „Chevington" unter Steuerbordruder versucht habe, vor dem Bug der „Brünette" vorüberzukommen. Nichtsdestoweniger hätte nach der Auffassung der Zeugen die Collision dennoch vermieden werden können, wenn der „Chevington" nicht im entscheidenden Moment die Maschine gestoppt und auf rückwärts gestellt hätte. Die Ursache dieses Manövers finden die Zeugen darin, daß der „Chevington" dem stromabwärts fahrenden Raddampfer „Swift" mit Steuerbordruder habe aus dem Wege gehen wollen. Die Schiffsführung des „Chevington" sei hierbei augenscheinlich von der irrthümlichen Auffassung ausgegangen, daß der „Swift" den „Cheviugton" an Steuerbord habe passiren wollen. Als man aber erkannt, daß der „Swift" mit Backbordruder nach dem südlichen Themse-Ufer hinüberhalte, habe man auf dem „Chevington" den begangenen Irrthum durch Stoppen und Rückwärtsgehen wieder ausgleichen wollen. Die „Brünette" ihrerseits hätte durch Rückwärtsgehen die Collision nicht vermeiden können, denn die letztere habe eine rechtshändige Schraube, welche beim Rückwärtsgehen bewirke, daß das Schiff nach Steuerbord ausschlage. Deshalb hätte durch Rückwärtsschlagen der Schraube die Wirkung der Collision nur noch vergrößert werden können.

Der vorstehend geschilderte Thatbestand ist festgestellt durch die vor dem Seeamt erfolgte eidliche Vernehmung des Kaufmanns Rodenacker, des Schiffers Dickow, des Steuermanns Freywald, des Maschinisten Loesnau, des Bootsmanns Krause und des Matrosen Czoske.

Behufs möglichster Klarstellung der thatsächlichen Verhältnisse hat der Vorsitzende des Seeamts das Kaiserlich deutsche General-Consulat in London um Uebermittelung der von den britischen Behörden mit Bezug auf den Collisionsfall aufgenommenen Verhandlungen ersucht. In Folge dessen ist eine Abschrift des vor dem Strandungs-Registrator in London aufgenommenen Protokolls über die eidliche Vernehmung des Führers des „Chevington" zu den Acten gelangt. Eine Ausfertigung des von dem Admiralitätsgericht in London in der Collisionssache gefällten Richterspruchs hat das General-Consulat nicht beschaffen können, da die Urtheile des Admiralitätsgerichts nach der Mittheilung des General-Consulats den Betheiligten regelmäßig überhaupt nur mündlich verkündet werden, und diese Regel, wie die vom General-Consulat eingezogenen Erkundigungen ergeben haben, auch in vorliegendem Falle innegehalten worden ist. Gleichzeitig hat das General-Consulat einen der »Lloyd's Shipping Gazette« entnommenen Zeitungsausschnitt übersandt und dabei mitgetheilt, daß die in »Lloyd's Shipping Gazette« enthaltenen Berichte über Verhandlungen des Admiralitätsgerichtes sich, wie allgemein angenommen werde, durch Zuverlässigkeit und Genauigkeit auszeichnen. Beide Schriftstücke sind in wortgetreuer Uebersetzung in der öffentlichen Sitzung des Seeamts verlesen worden.

Nach der in Abschrift vorgelegten eidlichen Aussage des englischen Schiffers Lambert ist der letztere zur Zeit der Collision Führer des Dampfers „Chevington" gewesen. Der aus Eisen erbaute, zu 185 britischen Register-Tons vermessene, der Handlung Aruati & Harrison in London gehörige Dampfer „Chevington" habe sich mit einer Ladung Stückgüter auf der Reise von Treport nach London befunden und einen Tiefgang vorn von 9 Fuß und hinten von 12½ Fuß gehabt. Als das Schiff am 22. November ungefähr um 3 Uhr nachmittags die Höhe von Linnehouse-Steg erreicht habe, sei die Maschine gestoppt worden, weil das Revier voraus dicht mit Leichterfahrzeugen bedeckt gewesen sei. In diesem Augenblicke sei der „Chevington" ungefähr mitten im Canal, und die „Brünette" gerade südlich hinter demselben gewesen. Der „Chevington" habe allmälig die Distance zwischen sich und der „Brünette" vermehrt, bis er ungefähr 50—60 yards der „Brünette" voraus gewesen. Dann habe er seine Steuerung gänzlich verloren und sei mit der Fluth auf und dicht an die Leichterfahrzeuge herangetrieben. Nachdem der „Chevington" eine kurze Weile still im Wasser gelegen, sei beobachtet, daß die „Brünette" näher kam und sich augenscheinlich unter Backbord gelegtem Ruder befunden habe. Da der Zeuge Lambert gesehen, daß die „Brünette" wahrscheinlich längs Backbordseite seines Schiffes kommen werde, und daß ihr Anker mit dem Stock ungefähr 5 Fuß aus dem Wasser aus der Steuerbordklüse heraushing, habe er ihr mehrmals zugerufen, den Anker niederzulassen. Die Leute des „Chevington", welche achtern standen, hätten der „Brünette" ebenfalls zugerufen, sie sollte ihren Anker niederlassen; es sei aber keine Notiz von dem Zuruf genommen; die „Brünette" sei vielmehr näher gekommen, sei dem „Chevington" längsseit gegiert und die Ankerarme hätten den „Chevington" ungefähr 18 Zoll unter Wasser und zwar in der Gegend des Maschinenraumes an Backbordseite durchlöchert. Die „Brünette" habe versucht, ihre Ankerkette zu slippen, um vom „Chevington" frei zu kommen; dies sei aber nicht gelungen, und da der „Chevington" im Sinken gewesen, so sei die Mannschaft in die längsseit befindlichen Boote gegangen.

Nach der Ansicht des Schiffers Lambert ist die Ursache des Unfalls darin zu finden, daß der Anker der „Brünette" in unvorschriftsmäßiger Lage gehangen habe, entgegen den Bestimmungen der Themse-Verordnungen. Der Unfall hätte verhütet werden können, wenn die „Brünette" den Anker hätte fallen lassen, als sie aufgefordert sei, dies zu thun.

Was den Inhalt des Ausschnittes aus »Lloyd's Shipping Gazette« angeht, so hat der englische Richter die „Brünette" für den allein schuldigen Theil erklärt und bei der Motivirung seiner Entscheidung ausgeführt, die mündliche Beweisaufnahme sei außerordentlich verwirrend gewesen und die beiderseitigen Aussagen schienen sich mit einer Ausnahme so ziemlich die Waage zu halten. Jede der beiden Parteien habe unabhängige Zeugen zur Vernehmung gestellt, deren Aussage ebenso gut richtig sein könne, als das Gegentheil. Die Glaubwürdigkeit derselben hänge lediglich von der günstigen Gelegenheit ab, welche sie zur Beobachtung gehabt hätten, sowie davon, ob sie ihre Aufmerksamkeit seiner Zeit dem Gegenstande gewidmet hätten. Nach der Aussage zweier Zeugen vom „Swift" und auf Grund der Maaße an der Schiffsplatte sei anzunehmen, daß der Steuerbordanker der „Brünette" im Augenblick der Collision mit dem Stock nicht zu Wasser gehangen habe.

Bezüglich der Ursache der Collision führt der englische Richter aus, daß der „Chevington" gemäß seiner Darstellung getrieben, demnächst ein wenig Steuerbordruder gegeben und dann seinen Curs wieder hergestellt habe. Dann habe er sich zum Stoppen gebracht und gleichzeitig habe die „Brünette", ein wenig hinter ihm befindlich, durch die Wirkung ihres Backbordruders sich allmälig in eine solche

Stellung gebracht, daß ihr Anker den „Chevington" getroffen habe. Der englische Richter sagt nach Inhalt des Zeitungsausschnittes, er sehe keinen Grund, warum er der Aussage des „Chevington" über seine Handlungsweise von Anfang an nicht glauben sollte, besonders unter dem Eindruck der klaren und bestimmten Art, mit welcher der Schiffsführer und der Steuermann des „Chevington" ihre Aussagen gemacht hätten; er nehme an, ihre Darstellung des Sachverhalts sei im wesentlichen richtig.

Gründe. Bei der Prüfung des Beweismaterials war zunächst die Frage zu entscheiden, ob die in einfacher Abschrift vorgelegte Aussage des Schiffers Lambert und das in dem Zeitungsausschnitt der »Lloyp's Shipping Gazette« enthaltene Urtheil des Admiralitätsgerichts für beweiskräftig zu erachten seien. Das Seeamt hat diese Frage verneinen zu müssen geglaubt; denn bezüglich des ersteren Schriftstücks fehlt jede Garantie dafür, daß die Abschrift dem Original wirklich entspricht, während es bezüglich des letzteren durchaus ungewiß ist, ob das in dem bezl. Zeitungsausschnitt abgedruckte Urtheil thatsächlich so gesprochen ist, wie es in demselben dargestellt wird.

Aber selbst wenn man über diese formellen Bedenken hinwegsehen wollte, so geben diese Schriftstücke doch auch ihrem materiellen Inhalte nach zu nicht unerheblichen Zweifeln Anlaß. Vor allen Dingen fehlt das Beweismaterial, namentlich die Zeugenaussagen, auf Grund deren der englische Richter seine Entscheidung gefällt hat, und ohne die letzteren ist das Seeamt in der That außer stande, eine Prüfung dahin eintreten zu lassen, ob die in jener Entscheidung ausgesprochenen Schlußfolgerungen gerechtfertigt sind. Eine derartige Prüfung scheint um so mehr geboten, als sowohl die vom Schiffer Lambert gegebene Darstellung des Sachverhalts, wie auch einzelne Ausführungen der in dem Zeitungsausschnitt enthaltenen Entscheidung in mancherlei Beziehung Bedenken zu erregen geeignet sind. Abgesehen davon, daß die vom Schiffer Lambert gegebene Darstellung über die Ursache der Collision in directem Widerspruche steht mit den eidlichen Aussagen der vor dem Seeamt vernommenen Zeugen, welche namentlich auch von dem angeblichen Zuruf, den Steuerbordanker niederzulassen, nichts gehört haben, ist es unerklärlich, wie der Anker der „Brünette" zur Zeit der Collision, wie Schiffer Lambert behauptet, ungefähr 5 Fuß mit dem Stock über Wasser gehangen und dabei doch mit dem Pflug den „Chevington" 18 Zoll unter Wasser getroffen haben soll. Hätte der Anker thatsächlich mit dem Stock 5 Fuß über Wasser gehangen, dann hätte die Spitze der Pfluge, welche nach der Aussage der vor dem

Seeamt vernommenen Zeugen nur 4 Fuß 9 Zoll vom Stock entfernt ist, noch ungefähr 3 Zoll aus dem Wasser hervorragen müssen, und die Beschädigung des „Chevington“ hätte in diesem Falle überhaupt nicht unter dem Wasserspiegel erfolgen können.

Nicht minder aber bedarf es der Nachprüfung, wie der englische Richter trotz der Art und Weise, wie er sich zu Anfang seiner Entscheidung über die Glaubwürdigkeit der beiderseitigen Zeugen ausspricht, doch dazu kommt, die „Brünette“ für den allein schuldigen Theil zu erklären. In den Entscheidungsgründen ist nicht angegeben, was die Zeugen vom „Swift“ bekundet und von welcher Stelle aus sie ihre Beobachtungen gemacht haben; ebenso fehlt es an jeder Mittheilung darüber, welcher Art die Messungen an der Schiffsplatte gewesen sind, aus denen die ausgesprochenen Schlußfolgerungen für die Lage des Ankers der „Brünette“ gezogen sind. Diese Punkte erscheinen um so wichtiger, als die vor dem Seeamt vernommenen Zeugen entschieden in Abrede gestellt haben, daß die Mannschaft des „Swift“, auf deren Aussage der englische Richter nach Inhalt des Zeitungsausschnitts ein entscheidendes Gewicht gelegt hat, im stande gewesen ist, die Lage des Ankers der „Brünette“ zu beobachten, und diese Angabe der Zeugen gewinnt an Bedeutung, wenn man erwägt, daß der „Swift“ die „Brünette“ an der Backbordseite passirt, während der Anker an der Steuerbordseite der „Brünette“ gehangen hat.

Was endlich die Ursache der Collision angeht, so hat der englische Richter zwar die Aussagen des Schiffsführers und des Steuermanns vom „Chevington“ für zutreffend erachtet; er hat es aber auch in diesem Falle unterlassen, diese Aussagen mitzutheilen und klar zu legen, weshalb auf die abweichenden Angaben der vor dem Admiralitätsgericht gleichfalls vernommenen Zeugen von der „Brünette“ keinerlei Gewicht gelegt worden ist.

Im Hinblick auf die vorstehend entwickelten formellen und materiellen Bedenken hat das Seeamt sich nicht entschließen können, dem Inhalte der beiden oben gedachten Schriftstücke Beweiskraft beizumessen; dasselbe hat vielmehr geglaubt, seine Entscheidung lediglich auf das durch die Zeugenvernehmung vor dem Seeamt gelieferte Beweismaterial und auf die aus dem Inbegriff der gesammten mündlichen Verhandlung durch eigene Anschauung geschöpfte Ueberzeugung stützen zu dürfen.

Bezüglich der Ursache der Collision hat die Beweisaufnahme das im Thatbestand zur Darstellung gebrachte Resultat ergeben. Hiernach steht zunächst fest, daß sich die Mannschaft der „Brünette“

zur Zeit der Collision überall vorschriftsmäßig auf ihrem Posten befunden hat; namentlich gilt dies vom Steuermann Freywald, welcher auf der Back des Schiffes stand, um die Ausführung der vom Schiffer bezw. Lootsen gegebenen Befehle zu überwachen. Nach der übereinstimmenden Aussage aller Zeugen hat die „Brünette“ vor der Collision nur einmal Backbordruder gegeben, und zwar ist dies geschehen, um einem Leichterfahrzeug auszuweichen; jedenfalls ist das Backbordruder, in Folge dessen das Schiff ungefähr 1/2 Strich nach Steuerbord abfiel, wie übereinstimmend bekundet ist, zu einer Zeit gegeben, als der „Chevington“ sich noch hinter der „Brünette“ befand. Gleich nach dem Passiren des fraglichen Leichterfahrzeugs ist das Ruder wieder Steuerbord gelegt und bis zum Augenblick der Collision nicht wieder verändert worden.

Daß der „Chevington“ mit größerer Geschwindigkeit als die „Brünette“ hinter der letzteren aufgelaufen und deshalb als überholendes Schiff im Sinne des Art. 20 der Kaiserlichen Verordnung zur Verhütung des Zusammenstoßens der Schiffe auf See vom 7. Januar 1880 anzusehen ist, kann nach dem Resultat der Beweisaufnahme nicht zweifelhaft sein. Der Zeuge Krause, welcher am Ruder der „Brünette“ stand, hat deutlich beobachtet, wie der „Chevington“ mit erheblich schnellerer Fahrt als die „Brünette“ an der Steuerbordseite der letzteren aufkam, und daß dann in der im Thatbestand ausführlich geschilderten Weise der Zusammenstoß beider Schiffe erfolgte.

Das Seeamt ist der Meinung, daß der „Chevington“ als überholendes Schiff nach der Vorschrift des oben erwähnten Artikels 20 der Kaiserlichen Verordnung verpflichtet war, der „Brünette“ aus dem Wege zu gehen. War es an sich schon für den „Chevington“ ein gewagtes und durch die thatsächlichen Verhältnisse keinesfalls gerechtfertigtes Unternehmen, vor dem Bug der „Brünette“, wie im Thatbestand dargestellt, vorüberzufahren, selbst wenn er einem entgegenkommenden Schiffe ausweichen wollte, so hat die Schiffsführung des „Chevington“ die durch jenes unbesonnene Manöver herbeigeführte Gefahr des Zusammenstoßes noch dadurch gesteigert, daß sie im entscheidenden Moment die Maschine stoppen und rückwärts gehen ließ. Durch diese letztere Anordnung ist die Collision herbeigeführt; sie hätte nach der Auffassung des Seeamts vermieden werden können, wenn der „Chevington“ seine Fahrt fortgesetzt und das Ruder nach Backbord gelegt hätte. Daß Schiffer Diekow im entscheidenden Moment die Schraube nicht rückwärts schlagen ließ, kann nur gebilligt werden; denn in der That hätte, da sein Schiff bei rückwärts schlagender

Schraube nach Steuerbord ausgiert, die Gewalt des Zusammenstoßes hierdurch nur vergrößert werden können.

Was endlich die Frage angeht, in welcher Lage sich der Steuerbordanker der „Brünette" zur Zeit der Collision befunden hat, so ist zunächst zu constatiren, daß die Schiffsführung der „Brünette" nach den für die Themse geltenden Vorschriften verpflichtet war, den fraglichen Anker soweit zu Wasser zu lassen, daß der Stock desselben vom Wasser bedeckt wurde. Daß der Befehl zum Herablassen des Ankers vom Lootsen und demnächst auch vom Schiffer Dickow ertheilt ist, darüber kann kein Zweifel bestehen; fraglich kann es uur sein, ob und event. wie weit dieser Befehl zur Ausführung gelangt ist. Der Matrose Czoske, bezüglich dessen Glaubwürdigkeit keinerlei Bedenken obwalten, hat bekundet, daß er in der im Thatbestande geschilderten Weise das Herablassen des Steuerbordankers bewirkt und sich durch wiederholtes Hinabschauen vom Bug des Schiffes von der richtigen Lage des Ankers Ueberzeugung verschafft habe. Diese Darstellung wird durchweg bestätigt durch die Aussage des Steuermanns Freywald.

Wenngleich nicht zu verkennen ist, daß der letztere Zeuge, welcher in seiner Eigenschaft als Steuermann für die Ausführung des vom Lootsen ertheilten Befehls und somit für die vorschriftsmäßige Lage des Ankers verantwortlich war, mit Rücksicht auf diesen letzteren Umstand für nicht ganz einwandsfrei zu erachten ist, so hat derselbe doch durch sein offenes und bestimmtes Auftreten sowie durch die Sicherheit seiner Angaben auf den Gerichtshof den Eindruck besonderer Zuverlässigkeit und Glaubwürdigkeit gemacht. Hierzu kommt, daß die Aussage der beiden letzteren Zeugen auch der inneren Glaubwürdigkeit nicht ermangelt. Bei der nach dieser Richtung hin vorgenommenen Prüfung wurde erwogen, ob denn bei vorschriftsmäßiger Lage des Ankers eine Beschädigung des „Chevington", wie sie thatsächlich erfolgt ist, überhaupt habe eintreten können. Diese Frage hat das Seeamt nach Lage der Verhältnisse bejahen zu müssen geglaubt. Denn einmal fällt die Schiffswand an der Stelle, wo der „Chevington" mittschiffs von der Spitze des Ankerflügels getroffen wurde, fast senkrecht auf nicht unerhebliche Tiefe in das Wasser herab; sodann ist der Winkel, unter welchem die Breitseite des „Chevington" gegen den Bug der „Brünette" gedrückt wurde, ein sehr spitzer, und endlich ist zu berücksichtigen, daß die „Brünette" beim Zusammenstoß noch in der Vorwärtsbewegung begriffen war. Das Zusammenwirken dieser drei Factoren, und namentlich der Umstand, daß sich der herabhängende Anker der „Brünette" bei dem Zusammenstoß in Folge der gleichzeitigen Vorwärtsbewegung des Schiffskörpers höchstwahrscheinlich etwas nach hinten verschoben hat, giebt nach der Auffassung des Seeamts eine ausreichende Erklärung für den Vorgang und läßt erkennen, daß und wie die Verletzung durch den Ankerflügel hat erfolgen können und höchst wahrscheinlich auch erfolgt ist.

Bei dieser Auffassung der Verhältnisse und nach reiflicher Erwägung aller in Betracht kommenden Umstände hat das Seeamt kein Bedenken getragen, den Steuermann Freywald zu vereidigen und auf Grund des vorliegenden Beweismaterials und der daraus genommenen Ueberzeugung bezüglich der Ankerführung der „Brünette" den Thatbestand so, wie er im Tenor des Spruchs zum Ausdruck gebracht ist, festzustellen.

## 32. Spruch des Seeamts zu Hamburg vom 31. Mai 1892, betreffend den Zusammenstoß des Schraubendampfers „Armin" von Hamburg mit dem britischen Schraubendampfer „Weimar" auf der Elbe.

Der Spruch des Seeamts lautet:

Die Collision zwischen dem Dampfer „Weimar" und dem Dampfer „Armin" bei der Königsbaake, in Folge dessen letzterer sank, ist dadurch herbeigeführt, daß beide Dampfer, nachdem sie sich bereits ziemlich genähert hatten, gezwungen waren, je einem aufkreuzenden Ewer auszuweichen, und dadurch in eine gegenseitige Lage geriethen, die es nicht mehr gestattete, sich frei an der Backbordseite zu passiren.

Die Collision wäre vermieden worden, wenn beide Dampfer angesichts ihrer gegenseitigen Annäherung an dieser engen und zudem nicht gradlinig laufenden Stelle des Fahrwassers und wegen der im Fahrwasser kreuzenden Ewer frühzeitiger als geschehen ihre Fahrgeschwindigkeit noch mehr gemäßigt hätten.

Namentlich trifft hierfür den „Weimar", der gegen die Fluth fuhr und überdies die Lichter der gegen Ostwind kreuzenden Ewer besser sehen konnte, das Hauptverschulden.

Thatbestand. Am 10. Mai 1892 ereignete sich ungefähr um 1 Uhr morgens bei der Königsbaake am Finkenwärder Ufer auf der

Elbe ein Zusammenstoß zwischen dem elbaufwärts fahrenden deutschen Schraubendampfer „Armin“ und dem ausgehenden britischen Schraubendampfer „Weimar“, durch welchen ersterer so schwer beschädigt wurde, daß derselbe im Fahrwasser sank und später total wrack wurde, während auch der „Weimar“ erheblichen Schaden erlitt.

Das thatsächliche Ergebniß der über diesen Unfall geführten Untersuchung ist nach der beiderseitigen Darstellung folgendes:

1. Der „Armin“, Unterscheidungssignal RGQW, ein in Fähr bei Vegesack im Jahre 1884 erbauter Schraubendampfer aus Stahl, mit einer Maschine von 522 indicirten Pferdekräften, hatte einen Netto-Raumgehalt von 2691,2 cm = 949,99 britischen Register-Tons, gehörte der Handelsfirma Rudolph Rettich und Mitrheder und war zu M. 250 000 versichert. Geführt wurde das Schiff interimistisch von dem ersten Steuermann Carl Johann Wallis. Die Besatzung bestand aus im ganzen 19 Personen. Beschäftigt war das Schiff im Kohlentransport von Grangemouth in Schottland nach Hamburg, hatte ersteren Platz am 6. Mai vormittags verlassen und war am 9. Mai nachmittags auf der Elbe eingetroffen. Abends 9 Uhr 45 Minuten kam an Stelle des Seelootsen bei der Bösch der preußische Volllootse Hans Schacht aus Oevelgönne an Bord, und fuhr man unter dessen Leitung elbaufwärts. Es lief ein starker Fluthstrom; die Nacht war mondhell und klares sichtiges Wetter; der Wind leicht aus ONO. Unterhalb Schulau wurde die Fahrt gemindert und, da viele aufkreuzende Fahrzeuge im Revier waren, wurde die Maschine auf langsam gesetzt.

Um 12 Uhr 45 Minuten passirte man die Elbschloßbrauerei und steuerte dann nach der Königsbaake am Finkenwärder Ufer hinüber.

Nach Lootse Schacht's Angabe befand sich der „Armin“ bei der Brücke von Teufelsbrück ungefähr in der Mitte des Fahrwassers, vielleicht etwas mehr nördlich, als in der Mitte; von der schwarzen Tonne Nr. 12 war man ungefähr eine gute halbe Schiffslänge ab. Eben unterhalb der Königsbaake lag ein Ewer von der Süd- nach der Nordseite hinüber, und sah man dessen rothes Seitenlicht. Schiffer Wallis wollte mit Backbordruder hinter demselben herumgehen; doch meinte Lootse Schacht, man würde mit dem Dampfer dadurch zu südlich kommen und leicht an Grund gerathen. Der „Armin“ hatte einen Tiefgang von vorn 15 Fuß 2 Zoll und hinten 17 Fuß 2 Zoll. Lootse Schacht ließ das Ruder Steuerbord legen und gab einen langen Ton mit der Dampfpfeife, um den Ewer zu veranlassen, über Stag zu gehen. Der Ewer that dies auch sofort, und als der „Armin" eben frei von demselben zeigte, wurde das Ruder sofort wieder Backbord gelegt. Unter Steuerbordruder ist der „Armin" nach Schiffer Wallis Angabe vielleicht einen halben Strich abgedreht; auch Rudersmann Brandt, welcher das Dampfsteuer bediente, erklärt, daß das Schiff sich nur eben nach Backbord rührte. Dann wurde das Ruder wieder Backbord gelegt.

Inzwischen waren die 3 Lichter eines abwärts kommenden Dampfers recht voraus wahrgenommen; dann verschwand plötzlich das rothe Licht jenes Schiffes und blieb nur dessen grünes Seitenlicht in Sicht. Da das rothe Licht nicht wieder in Sicht kam, wurde das Ruder „hart über" gelegt nach Backbord, die Maschine gestoppt und auf volle Kraft rückwärts gesetzt. Nach Rudersmann Brandt's Angabe drehte der „Armin" nur wenig nach Steuerbord ab; dann erfolgte auch schon gleich die Collision, indem der abwärts kommende Dampfer, welcher sich später als der Leither Dampfer „Weimar" auswies, 1½ Strich auf Backbord in den „Armin" hineinlief und die halbe Back durchschnitt.

In dem Maschinenjournal lautet die Eintragung über den Zusammenstoß: „Um 1 Uhr stopp, volle Kraft rückwärts. Diesen Moment erhielt das Schiff einen furchtbaren Stoß, so daß wir in der Maschine zur Seite taumelten, aber auch einen Knall im Kesselraum; Dampf und Wasser strömte aus den Kesseln, so daß wir nichts mehr sehen konnten 2c."

Nach den Angaben der Maschinisten und eines wachthabenden Heizers soll die Maschine bereits mehrere Minuten vor dem Zusammenstoß rückwärts gegangen sein.

Durch weiteres Rückwärtsarbeiten kamen die Schiffe nach einiger Zeit wieder frei von einander; doch sank der „Armin" dann mit dem Vordertheil unter und gerieth dadurch im Fahrwasser an Grund. In Folge der auflaufenden Fluth schwoite der „Armin" herum und sank dann später ganz unter Wasser.

Die Mannschaft hatte sich rechtzeitig in die Boote mit ihren Effecten begeben und wurde durch einen Schlepper später nach Hamburg gebracht. Durch den Zusammenstoß wurde ein unter der Back im Logis schlafender Heizer in seiner Koje eingeklemmt und an den Beinen verletzt; doch gelang es der Mannschaft, denselben noch rechtzeitig zu befreien.

Der Dampfer selbst ist im Verlauf der Zeit durchgebrochen und vollständig wrack geworden.

Der „Armin" ist nicht am Collisionsort direct gesunken, sondern zunächst mit dem „Weimar" weiter elbaufwärts getrieben.

Die Lage des Wracks war am Nachmittag des Collisionstages, wie durch eine Ocular-Inspection festgestellt wurde, folgende:

Die Königsbaake peilte vom Wrack rechtweisend N88°W, der Kirchthurm von Finkenwärder S35°W; danach liegt die Mitte des Wracks 480 Meter von der Königsbaake und 220 Meter von Tonne 13 an der tiefsten Stelle des Fahrwassers. Mit dem Buge weist das Wrack elbabwärts.

2. Der „Weimar", Unterscheidungs-Signal LQRV, ein in Leith beheimatheter, der Rhederei James Currie daselbst gehöriger eiserner, 998,37 britische Register-Tons messender Dampfer, war mit Passagieren und einer Stückgutladung auf der Reise nach Leith bestimmt, am 10. Mai 11 Uhr 40 Minuten abends bei schönem klaren Wetter und leichter östlicher Briese von Hamburg abgegangen, passirte 11 Uhr 50 Minuten St. Pauli und fuhr unter Leitung des preußischen Volllotsen Johann Wilhelm Jorjan elbabwärts, je nach Bedürfniß mit langsamer oder halber Maschinenkraft fahrend und gelegentlich stoppend. Schiffer George Thomas befand sich neben dem Lootsen auf der Brücke; auf Ausguck auf der Back stand der erste Steuermann Surry, am Dampfruder auf der Brücke Matrose Hourston. Oberhalb des Baggers, welcher zwischen Tonne 15 und 14 lag, war gestoppt, dann aber die Maschine eine kurze Zeit auf halbe Kraft angesetzt worden, um dem Schiffe eine bessere Steuerfähigkeit zu geben. Nachdem man das Finkenwärder Feuer passirt war, sah man zwei von der Süd- nach der Nordseite hinüber liegende Fahrzeuge und deren grüne Lichter. Da nicht viel Wind war und eins jener Fahrzeuge sich in ziemlicher Nähe befand, stoppte man die Maschine, um dasselbe vorüberzulassen, und gab auch, um hinter dem Heck desselben zu passiren, etwas Steuerbordruder. Zur selben Zeit sichtete man auch das Top- und rothe Licht eines aufkommenden Dampfers, welcher von Nienstedten herüberkam. Als der Ewer dicht vor dem „Weimar" war, zeigte jener Dampfer sein grünes Seitenlicht; während man dann noch, um von dem Ewer frei zu bleiben, bei Steuerbordruder blieb, kam plötzlich das rothe Seitenlicht jenes Dampfers wieder in Sicht. Sofort wurde die Maschine auf volle Kraft rückwärts gesetzt und diese Gangart dem Gegendampfer durch entsprechendes Signal zweimal angezeigt. Zu dieser Zeit war der eben passirte Ewer querab mittschiffs. Die Maschine schlug sofort an; doch kurze

Zeit darauf trafen die Schiffe einander ungefähr Steven auf Steven. Der Gegendampfer war der deutsche Dampfer „Armin".

An dem sich querab von der Brücke zeigenden Schraubenwasser will Schiffer Thomas wahrgenommen haben, daß der „Weimar" bereits vor dem Zusammenstoß rückwärts gegangen sei; die gleiche Wahrnehmung will Steuermann Surry an den Lichtern und Gegenständen am Lande gemacht haben.

Durch weiteres Rückwärtsarbeiten kamen die Schiffe dann von einander frei, und sank der „Armin" kurz nachher mit dem Vordertheil unter, während der „Weimar" nach einigem Aufenthalt an der Collisionsstelle in schwer beschädigtem Zustande nach Hamburg zurückkehrte.

Die für die Collision in Betracht kommenden Maschinenmanöver sind nach den Angaben des wachthabenden ersten Maschinisten folgende: Um 12 Uhr 19 Minuten wurde gestoppt, um 12 Uhr 20 Minuten die Maschine auf volle Kraft rückwärts gesetzt, dann folgte die Collision, ohne Angabe einer Uhrzeit; um 12 Uhr 23 Minuten wurde die Maschine dann wieder gestoppt. Nach der von dem Maschinisten in der seeamtlichen Verhandlung ungefähr geschätzten Zeit hat die Maschine vielleicht etwa 2 Minuten rückwärts gearbeitet.

Nach den Angaben in der Verklarung hat die Fahrt des „Weimar" von Altona ab etwa 2—3 Knoten über den Grund betragen; auch will Schiffer Thomas sich mit seinem Schiffe in der Mitte des Fahrwassers befunden haben.

3. Die zur seeamtlichen Verhandlung herangezogenen technischen Sachverständigen haben dem Seeamt zunächst über die Beschädigung des „Weimar" des Näheren Bericht erstattet, und ist diesem zu entnehmen, daß, außer den Beschädigungen an Deck auf Backbord, die Backbordseite zwei große Oeffnungen in Form horizentaler Schlitze vom 1. bis 9. Spant auf einer Länge von ungefähr 4 Meter aufwies. Auf Steuerbord erstreckte sich die Oeffnung jedoch nur vom Steven bis hinter Spant 3 und 4.

Die Beschädigung des „Armin" konnte nicht genau festgestellt werden, da derselbe ganz unter Wasser lag; doch befand dieselbe sich ersichtlich am Backbordbug.

Aus der Art der Havarie am Dampfer „Weimar" allein erklärten die Sachverständigen nicht mit Sicherheit schließen zu können, wie die Schiffe sich getroffen haben müßten. Höchstens könnte man aus dem Umstande, daß die Beschädigungen auf Deck und an der Backbordseite vorhanden wären und sich die Beschädigungen an den Platten an

Backbord auf eine wesentlich größere Länge nach hinten erstrecken, als an Steuerbord, folgern, daß sich beide Schiffe mit ihren Backbordseiten getroffen haben müßten.

Aus dem Umstande, daß der Steven des Dampfers „Weimar" seitlich nicht abgebogen wurde, ließe sich jedoch die Schlußfolgerung ziehen, daß die Collision sich hiernach entweder nur in der Weise ereignet haben könne, daß der „Armin" still oder nahezu still gelegen habe und der „Weimar" in das erstgenannte Schiff hineingelaufen sei, oder daß der Stoß in ziemlich axialer Richtung erfolgt wäre.

Der Reichscommissar führte die Collision darauf zurück, daß der Dampfer „Weimar", nachdem derselbe eines seinen Bug kreuzenden Ewers wegen mit Steuerbordruder ausgewichen sei, bei Annäherung des Dampfers „Armin" nicht die rechte Seite des Fahrwassers gehalten habe. Führte sein Curs in Folge jenes Ewers von dem Gegendampfer nicht frei, so hätte derselbe früher stoppen und rückwärts gehen sollen, um den Ewer vorüber zu lassen. Den Dampfer „Armin" treffe seines Erachtens kein Verschulden, da dieser mit hart Backbordruder die rechte Seite des Fahrwassers zu halten suchte, als er den Dampfer „Weimar" recht voraus hatte.

Gründe. Aus den Thatsachen der Collision und der Größe des angerichteten Schadens geht zunächst hervor, daß die relative Geschwindigkeit beider Schiffe gegen einander keine ganz geringe gewesen sein kann.

Prüft man hierauf die beiderseitigen Aussagen der Besatzungen der beiden Schiffe, so ergiebt sich zunächst, daß die Aussage des Schiffers Thomas, das Schraubenwasser sei schon bei der Brücke gewesen und das Schiff habe demnach schon etwas rückwärts Fahrt gehabt, auf einer unrichtigen Wahrnehmung beruhen muß. Denn hätte der „Weimar" wirklich bei der Collision schon etwas rückwärts Fahrt gehabt, oder mindestens keine Vorwärtsfahrt, so müßte der „Armin" bei der Collision noch mit großer Geschwindigkeit und zudem in nahezu entgegengesetzter Richtung gefahren sein. Dann hätte aber der „Weimar" beide Seitenlichter des „Armin" sehen müssen, was nicht der Fall war, da die Zeugen übereinstimmend aussagen: das grüne Licht, welches eine kurze Zeit in Sicht war, verschwand wieder und das rothe kam in Sicht und blieb allein in Sicht bis zur Collision. Auf dem „Armin" hatte man aber, nachdem vorher beide Lichter des „Weimar" gesehen worden waren, nur noch das grüne Licht bis zur Collision gesehen.

Der „Armin" war also kurz vor der Collision unter Backbordruder in einer Drehung nach Steuerbord, der „Weimar" bei Steuerbordruder in einer, wenn auch noch so geringen Drehung nach Backbord. Daraus folgt aber, daß sich die Schiffe nicht in gerade entgegengesetzter Richtung, sondern unter einem spitzen Winkel von vielleicht 10—15° getroffen haben müssen. In solchem Falle hätte aber die Beschädigung des Dampfers „Weimar" anders als geschehen ausfallen müssen, wenn derselbe rückwärts Fahrt gehabt oder still im Wasser gelegen hätte.

Hatte aber der „Weimar", wie es nach den obigen Aussagen angenommen werden muß, bei der Collision noch Fahrt voraus, so kann die Maschine auch nur kurze Zeit rückwärts gearbeitet, und das Schiff muß vor dem Stoppen, welches nach dem Bericht des Maschinisten eine Minute gedauert hat, eine nicht unbeträchtliche Geschwindigkeit gehabt haben. Die Maschine arbeitete nach dem Engineers Report act. 31 b von Hamburg her „langsam", „halbe Kraft" und „gelegentlich stoppend". Vom Lootsen Jorjan wird auch das Fahren mit halber Kraft oberhalb des Baggers, welcher zwischen Tonne 14 und 15 lag, zugegeben, wenngleich unter dem Vorbehalt, daß dies nur geschehen sei, um dem Schiffe etwas mehr Fahrt und gute Steuerfähigkeit zu geben. Bei halber Kraft wird aber der „Weimar", der eine verhältnißmäßig starke Maschinenkraft besitzt und dessen Schraube bei voller Kraft 74—76 Umdrehungen macht, immerhin noch 7—8 Seemeilen Fahrt machen und konnte bei solcher Fahrt allerdings nicht so rasch zum Stillstand gebracht werden, wenn man auch annehmen wollte, daß die Maschine über eine volle Minute rückwärts gearbeitet hat; denn nur soviel Zeit wird man höchstens concediren können nach den in dieser Beziehung in der seeamtlichen Verhandlung zu Tage getretenen Umständen und den von dem Maschinisten bei seiner Vernehmung gemachten Angaben.

Daß die Fahrgeschwindigkeit des „Weimar" vorher eine ziemlich beträchtliche war, ergiebt sich auch aus der von Hamburg her durchlaufenen Distanz. Die Entfernung von der St. Pauli Landungsbrücke bis zum Finkenwärder Feuer beträgt 3 Seemeilen; da man nach der Verklarung um 11 Uhr 50 Minuten St. Pauli passirte, um 12 Uhr 19 Minuten laut Maschinennotiz des Ewers wegen stoppte, um 12 Uhr 20 Minuten laut Verklarung collidirte, so hatte das Schiff eine Durchschnittsgeschwindigkeit von 6 Seemeilen in der Stunde über den Grund gemacht, oder, da man gegen den Strom fuhr, 7—8 Seemeilen durch das Wasser.

Aber auch der Dampfer „Armin" muß bei der Collision noch

Fahrt voraus gehabt und die Maschine nur ganz kurze Zeit rückwärts gearbeitet haben.

Dies geht direct aus dem Maschinenjournal hervor, in welchem es heißt: 1 Uhr 10 Minuten „stopp“, „volle Kraft rückwärts“, diesen Moment erhielt das Schiff einen furchtbaren Stoß.

Wenn nun auch in den Zeugenaussagen die Zeit des Rückwärtsarbeitens der Maschine immer noch als von Minuten Dauer angegeben wird, so steht, abgesehen von der bekannten Thatsache einer jedesmaligen Ueberschätzung der verflossenen Zeiten bei stattgehabten Collisionen, dem doch der Umstand entgegen, daß beim Ausweichen des Ewers unter Steuerbordruder und bei dem nachher erfolgten Backbordruder, wodurch der auf dem „Weimar“ beobachtete zweimalige Lichterwechsel (roth, grün, roth) erfolgte, die Maschine noch immer vorwärts arbeitete, kurze Zeit nach dem letzten Insichtkommen des rothen Lichtes aber die Collision stattgefunden hat.

Waren aber beide Schiffe nicht mehr in der Lage, ihre Fahrt nach beiderseitig beobachtetem Lichterwechsel, hervorgerufen durch das Ausweichen vor den aufkreuzenden Ewern wesentlich zu mindern, so daß der Zusammenstoß mit der Gewalt, wie thatsächlich geschehen, erfolgen mußte, d. h. war die Zeit zur genügenden Verminderung der Fahrt zu kurz, so hatten sich die Schiffe auch bereits vorher zu weit einander genähert, als daß es noch statthaft gewesen wäre, den respectiven Ewern unter Steuerbordruder auszuweichen, da sie sich doch an Backbordseite gegenseitig passiren mußten und wegen des engen Fahrwassers bereits Steven auf Steven anlagen.

Wenn nun auch die Abschätzung der Entfernung immerhin in der Nacht auf das Sichten von Lichtern hin eine schwierige ist und auch nicht verkannt werden soll, daß, wenn die Dampfer unter den gegebenen Umständen nicht unter Steuerbordruder ausgewichen wären, leicht eine Collision mit einem der Ewer hätte eintreten können, so hätten die Schiffe doch angesichts des Umstandes, daß sie sich der sehr engen und wegen der Biegung des Fahrwassers geradezu gefährlichen Stelle bei der Königsbaake näherten und hier sich voraussichtlich passiren mußten, noch mit größerer Vorsicht fahren, d. h. ihre Fahrt bei dem gegenseitigen Sichten noch mehr als geschehen mäßigen müssen. Namentlich trifft dieser Vorwurf den „Weimar“, da derselbe gegen den Fluthstrom fuhr und seiner Fahrrichtung nach auch die Lichter der aufkreuzenden Ewer besser erkennen konnte, als der „Armin“.

Würde der „Weimar“ etwas höher als geschehen, vor dem aufkreuzenden Ewer seine Fahrt rechtzeitig gemindert haben, so würde das Steuerbordruder nicht nöthig gewesen sein, und der „Armin" hätte Zeit gehabt, an der Backbordseite zu passiren.

Der „Weimar" konnte nicht annehmen, und hat dies nach Ansicht des Seeamts auch nicht gethan, daß der „Armin" an seiner Steuerbordseite passiren wollte.

Aber auch der „Armin" hätte vorsichtiger gehandelt, wenn er bei der Begegnung mit dem seinen Bug kreuzenden Ewer mehr darauf Rücksicht genommen hätte, daß er durch ein Ausweichen unter Steuerbordruder die nördliche Seite des Fahrwassers mehr aufsuchte, als gerathen erscheinen mußte.

Bei dem Hinübersteuern von Nienstedten nach Finkenwärder führt der Curs wie auch der Fluthstrom die Schiffe ohnehin schon leicht in die Nähe der Tonne 12, welche die westliche Spitze des Böhnhasensandes markirt, und bezeugtermaßen ist denn auch der „Armin" nach Lootse Schacht's eigener Angabe auf eine Entfernung von etwa einer halben Schiffslänge (35 Meter) von jener Tonne passirt.

Ein wenn auch nur geringes Ausweichen unter Steuerbordruder mußte auch für den „Armin" die späteren Maßnahmen erschweren. Vorsichtiger wäre es daher gewesen, wenn man auch auf dem „Armin" des Ewers wegen frühzeitig gestoppt hätte, anstatt mit Steuerbordruder demselben auszuweichen, zumal, da nach Lootse Schacht's Erklärung, ein Backbordlegen des Ruders unthunlich war, und nach Schiffer Wallis Angabe der Gegendampfer damals schon in Sicht war.

Allerdings ist man auf dem „Armin" später sogleich bestrebt gewesen, in die richtige Fahrwasserhälfte zurückzusteuern; dadurch aber, daß nahezu gleichzeitig der abwärts kommende „Weimar" ein ähnliches Ausweichemanöver einem Segelfahrzeug gegenüber ausführte, geriethen die beiden Schiffe in jene gegenseitige Lage, die es ihnen nicht gestattete, sich mehr frei zu passiren.

Einen directen Verstoß gegen Artikel 21 der Kaiserlichen Verordnung vermag das Seeamt weder dem einen noch dem anderen Schiffe zu imputiren, da ein schuldvolles Verlassen der jedem zugewiesenen Fahrwasserhälfte bei den gegebenen Verhältnissen nicht vorliegt.

Im wesentlichen ist der Seeunfall aber durch die Enge des Fahrwassers längs des Finkenwärder Ufers und durch die sich zwischen der Königsbaake und Tonne 12 vollziehende Biegung im Fahrwasser herbeigeführt, durch welche großen Schiffen das gleichzeitige Passiren jener Stelle so sehr erschwert wird.

An maßgebender Stelle ist die Schwierigkeit jenes Fahrwassers hinreichend bekannt, als daß es Sache des Seeamts wäre, dies speciell zu moniren.

Der vorliegende Fall zeigt aber deutlich, wie verhängnißvoll schon ein geringes Versehen in solcher Lage werden kann.

Das Seeamt kann nur den Wunsch äußern, daß die in Aussicht genommene Regulirung jener Flußstrecke baldigst in Angriff genommen werde.

Das Seeamt kann schließlich nicht umhin, den maßgebenden Behörden zur Erwägung anheim zu geben, ob nicht zur Sicherheit der Schiffahrt an jener Stelle, ähnlich wie auf der Themse und Schelde bei dort befindlichen erheblichen Krümmungen im Fahrwasser, eine Verordnung zu erlassen wäre, daß die gegen den Strom fahrenden Dampfschiffe und Schleppzüge zu warten hätten, bis die mit dem Strom fahrenden Dampfer und Schleppzüge die zwischen Tonne 12 und der Königsbaake liegende Curve durchfahren hätten.

Wäre im vorliegenden Fall eine solche Verordnung zu befolgen gewesen, so würde der Zusammenstoß zweifellos nicht entstanden sein, da dem mit dem Strom fahrenden „Armin" dann hinreichend Zeit geblieben wäre, nach jener Biegung das südliche Fahrwasser zu erreichen.

Zu erwägen wäre auch, ob es sich nicht empfehle, durch Betonnung der Nordseite zwischen Teufelsbrück und Oevelgönne ein zweites Fahrwasser für kleine Fahrzeuge zu schaffen, um dadurch das Hauptfahrwasser unter Finkenwärder von dem Verkehr dieser Fahrzeuge nach Möglichkeit zu entlasten, da ein Verbot der Benutzung des Hauptfahrwassers seitens kleiner Fahrzeuge überall nicht thunlich ist, in der gegenwärtigen Lage aber die kleine Schiffahrt sich fast ausschließlich in dem betonnten Hauptfahrwasser bewegt und dadurch dem regen Verkehr der großen Schiffe in jener Enge so sehr hinderlich wird.

## 33. Spruch des Seeamts zu Brake vom 12. Februar 1892 und Entscheidung des Kaiserlichen Ober-Seeamts vom 9. Juni 1892, betreffend den Seeunfall der Bark „Santiago" von Brake.

Der Spruch des Seeamts lautet:

Es ist dem Seeamt nicht zweifelhaft erschienen, daß der Koch Jarvis aus London, welcher von Bord der Bark „Santiago" am 28. Juni 1891 verschwand, in selbstmörderischer Absicht in die See gesprungen und daß dieser Selbstmord dadurch mit veranlaßt worden ist, daß kurz vorher der Koch, als er den ersten Steuermann Wieting, der ihn wegen grober Nachlässigkeit im Dienste zur Rede gestellt hatte, mit einer eisernen Casserolle thätlich angegriffen und an der Hand sowie im Gesicht verwundet hatte, von diesem und dem Schiffer überwältigt und dabei mit der Hand geschlagen worden war.

Wenn sich die beiden Schiffsofficiere dabei nicht vollständig in den Grenzen der zur Bewältigung des den Steuermann verfolgenden Kochs durchaus erforderlichen Handgreiflichkeiten gehalten haben, so findet solches in der Aufregung über den Angriff auf den Steuermann seine Erklärung.

Dem Schiffer Geerds und dem Steuermann Wieting ist die Befugniß zur Ausübung des Schiffergewerbes nicht zu entziehen.

Gründe. Die eiserne Bark „Santiago", Heimathshafen Brake, Unterscheidungs-Signal NGBP, vermessen zu einem Netto-Raumgehalt von 1302,7 cbm oder 459,81 britischen Register-Tons, wurde vom Schiffer auf großer Fahrt Meinhard Geerds aus Emden seit October 1889 geführt. Das Schiff wurde nach seiner Rückkehr von der letzten Reise in Cardiff von den bisherigen Eigenthümern E. Tobias in Brake und Genossen verkauft. Für die Reise des Schiffes nach dem Canal wurde am 19. Mai in San Francisco der aus London gebürtige Herbert Jarvis als Koch und Steward angemustert für eine Monatsheuer von 5 £; derselbe kam am 19. Mai 1891 an Bord; am 20. Mai ging die „Santiago" von San Francisco in See. Die Besatzung bestand außer dem Schiffer und dem Ober-Steuermann Joh. Wieting aus Oldenburg, welcher im Besitz eines Patentes als Schiffer auf großer Fahrt ist, aus dem zweiten Steuermann Kühne, dem gedachten Koch Jarvis und 7 anderen Seeleuten, im ganzen aus 11 Personen. Der Schiffer Geerds hat im Jahre 1888 die Braker Schoonerbrigg „Lina" auf der Rhede von Laguna de Terminos verloren; es hat darüber beim hiesigen Seeamt eine Untersuchung stattgefunden und dasselbe in seinem Spruche vom 3. Januar 1889 erklärt, daß die Führung der „Lina" ein Vorwurf nicht treffe. In eine andere seeamtliche Untersuchung ist Geerds nicht, Wieting überhaupt in keine verwickelt gewesen.

Die Personalien des Kochs sind nicht ermittelt; er wird als etwa 30jährig, mittelgroß und mittelkräftig geschildert, soll seiner

Erzählung nach 4 Jahre an Bord eines englischen Kriegsschiffes gewesen sein, dann auf 2 Kauffahrteischiffen als Koch gefahren haben, als Seemann aber nicht ausgebildet gewesen sein.

Bald nach der Ausreise stellte sich heraus, daß der Koch seine Obliegenheiten äußerst mangelhaft erfüllte, indem er nicht zu kochen verstand und dabei nicht reinlich zu Werke ging, obwohl er sich bei der Anmusterung für einen gelernten Koch ausgegeben hatte. Er wurde darüber vom Schiffer und Steuermann mehrfach zur Rede gestellt; der letztere achtete namentlich scharf darauf, daß er die Töpfe, ehe sie zum Kochen von Speisen verwandt wurden, reinigte.

Heftig gescholten hat ihn der Schiffer nur einmal, am 4. Tage der Reise. Geschlagen hat ihn weder der Schiffer noch der Obersteuermann. Letzterer hat ihn indessen wiederholt heftig gescholten und ihm mit Schlägen gedroht, wenn er sich nicht bessere, so daß der Koch einmal dem Matrosen Suhren gegenüber geäußert hat, er werde den Steuermann noch mal verhauen, wenn er ihn nicht in Ruhe lasse.

Am 28. Juni vormittags, einem Sonntage, als der Koch im Begriff stand, einen eisernen, mit Stiel versehenen Topf auf das Kochfeuer zu setzen, ehe er denselben gereinigt hatte, verlangte der Steuermann Wieting von ihm den Topf, um ihn dem Schiffer vorzuzeigen. Der Koch verweigerte dem Steuermann den Topf und schlug ihn mit demselben an den Kopf und auf die zum Pariren vorgehaltene rechte Hand, so daß der Steuermann sich zur Flucht wandte, verfolgte ihn auch über das Deck bis zum Großmast, wo auf seinen Hülferuf der Schiffer, von hinten kommend, den Koch festhielt und der im Gesicht und an der Hand blutende Steuermann ihm mehrere Schläge, der Schiffer mindestens einen Schlag mit der Hand ins Gesicht gab. Darauf schickte der Schiffer ihn in die Combüse, wohin er selbst ihm mit dem Steuermann folgte.

Hier wurde er vom Schiffer und Steuermann heftig gescholten, auch wurden Drohungen wie: »I kill you« vom Schiffer und »I knock you down« vom Steuermann gegen ihn ausgestoßen. Letztere Drohungen sind nach des Schiffers und des Steuermanns Aussage erfolgt, um den Koch, welcher ein Messer gegen den Schiffer gezückt gehabt hatte, zu bewegen, dasselbe niederzulegen. Geschlagen ist er in der Combüse nicht wieder. Es wurde demselben darauf eröffnet, daß seine Heuer von 100 auf 60 M. p. Monat herabgesetzt werde. Als nach etwa 10 Minuten Schiffer und Steuermann, die inzwischen in der Kajüte gewesen waren, wieder nach vorn kamen und sich nach dem Koch umsahen, war derselbe verschwunden und beim Absuchen des ganzen

Schiffes nicht wieder aufzufinden. Es war schönes, ruhiges Wetter; man befand sich auf etwa 22° 23' Südbreite und 131° 54' Westlänge im Passat, als der Koch vermißt wurde. Die Mannschaft, soweit sie nicht Wache zur Koje hatte, befand sich mit Ausnahme des am Ruder stehenden Matrosen Bödeker auf dem Vordeck, wo sie mit Ausbessern ihrer Kleidung und derartigen Arbeiten beschäftigt war.

Niemand hat gesehen oder gehört, wo der Koch geblieben ist. In dem Nachlasse desselben wurde ein Buch gefunden, in welchem er einzelne Erlebnisse seit seinem Eintreffen an Bord der „Santiago" aufgezeichnet hat. Dasselbe ist zu den Acten geliefert und seinem wesentlichen Inhalt nach in der Hauptverhandlung mitgetheilt. Es enthält u. a. Betrachtungen des Jarvis darüber, daß er in sein Vaterland ärmer zurückkehre, als er es vor 5 Jahren verlassen habe, daß die ganze Besatzung außer ihm aus Deutschen bestehe, daß er am 4. Tage vom Capitain »got a good blowing up«, daß er ein schweres Leben an Bord führe und wünsche, einen Genossen zu haben, mit dem er sprechen könne. Am 5. Tage heißt es: »Nothing occured to day except I am tired of this ship's company and if it goes much longer I shall take a cold water bath«. Dann hören die Aufzeichnungen auf; nur findet sich noch die Bemerkung, daß am 19. Juni die Linie passirt wurde.

Vorstehendes ist ermittelt durch Vernehmung des Schiffers, des Ober-Steuermanns und der 4 Matrosen Bulling, Suhren, Koopmann und Bödeker in der seeamtlichen Hauptverhandlung. Die Matrosen sind eidlich vernommen. Durch deren Aussage ist ferner festgestellt, daß seit Uebernahme des Schiffes durch den Schiffer Geerds und, seitdem Wieting als Steuermann desselben fungirt hat, October 1889, weder der eine noch der andere Thätlichkeiten gegen Untergebene zur Anwendung gebracht hat, daß der Schiffer bei der Mannschaft beliebt und angesehen war, der Steuermann Wieting dagegen weniger, weil er sich durch schroffes Wesen und häufiges Schimpfen und Drohen in Respect zu setzen für nöthig hielt.

Der Reichscommissar hat dem Schiffer und dem Steuermann Wieting den Vorwurf brutaler, roher Mißhandlung des Kochs gemacht, durch welche derselbe zum Selbstmord getrieben sei. Er hat beantragt, beiden das Schifferpatent zu entziehen, weil sich in der gerügten Handlungsweise Charakter-Eigenschaften offenbart hätten, welche die beiden Schiffsofficiere ungeeignet machten zur selbständigen Führung eines Schiffes und zur Handhabung der dem Führer zustehenden Disciplinargewalt.

Das Seeamt sieht die Sache bei objectiver Prüfung des Beweismaterials anders und in einem für die betheiligten Schiffsofficiere weit günstigeren Lichte an.

Daß der Koch über Bord gesprungen und ertrunken ist und daß der Selbstmord in ursächlichem Zusammenhang steht mit dem fast unmittelbar vorhergegangenen Auftritt, wird nicht zu bezweifeln sein. Nicht aber hält das Seeamt für erwiesen, daß die Behandlung des Kochs an Bord der „Santiago" eine schlechte gewesen, insbesondere daß derselbe am 28. Juni 1891 vom Schiffer Geerds und vom Steuermann Wieting roh mißhandelt worden und daß diese Behandlung die alleinige Veranlassung des Selbstmordes gewesen sei; denn zunächst muß nach den Aussagen sämmtlicher Zeugen, insbesondere der vier Matrosen, als feststehend angenommen werden, daß der Koch trotz aller Unsauberkeit und trotz mangelhaftester Bereitung des Essens bis zum 28. Juni, dem Tage seines Verschwindens, niemals, weder vom Schiffer noch vom Steuermann, einen Schlag erhalten hat. Daß er den ihm vom Steuermann häufig, vom Schiffer einzeln, nur einmal in heftiger Weise, ertheilten Tadel verdient hat, darüber sind die Zeugen, auch die Matrosen, welche entschieden eher für den Koch als den Steuermann Partei nehmen, einverstanden.

Ferner ist die Wahrheit der Aussage des Steuermanns, daß Jarvis ihn zuerst in der Combüse angegriffen und mit dem eisernen Topfe, welcher jedenfalls als Waffe oder gefährliches Werkzeug im Sinne des §. 223 a St. G. B. anzusehen sein wird, geschlagen habe, nicht zu bezweifeln nach dem, was die Matrosen über den Groll des Kochs gegen den Steuermann und seine Absicht, demselben bei nächster Gelegenheit thätlich entgegenzutreten, sowie über den Befehl des Steuermanns, den Topf herzugeben, berichten. Auch die Wunden des Steuermanns lassen kaum einen Zweifel darüber zu, daß Jarvis ihn mit dem Topf geschlagen hat, wie ja auch der Zeuge Bulling gesehen hat, daß der Steuermann während seiner Flucht noch einmal mit der Casserolle geschlagen wurde und daß Jarvis eine Tasse nach seinem Kopf warf. Wenn nun der Schiffer seinem Steuermann zu Hülfe kam und der Koch bei seiner Unschädlichmachung durch die beiden Vorgesetzten einige Püffe erhielt, so kann von einer unmenschlichen, rohen Mißhandlung um deswillen nicht die Rede sein, weil es sich um Entwaffnung und Bändigung eines Meuterers handelte.

Durch die Aussagen der Matrosen, von welchen drei bezeugen, daß zwar ihrer Meinung nach nicht beide auf den einen hätten einschlagen müssen, daß aber die Schläge weder unverdient noch übermäßig waren (Suhren, Bulling, Koopmann) wird die Annahme bestätigt, daß eine vorsätzliche Körperverletzung nicht vorliegt, es sich vielmehr bei Wieting nur um einen Exceß der Nothwehr oder bei ihm wie beim Schiffer nur um eine Ueberschreitung der zur Bewältigung des wüthenden Angreifers absolut erforderlichen Zwangsmaßregeln handeln kann.

In dieser Ansicht wird das Seeamt bestärkt durch das, was die Zeugen über die Handhabung der Zucht an Bord aussagen. Die vier genannten Matrosen, die dem Steuermann nach ihrem Auftreten entschieden nicht besonders wohl wollen, ihm nicht günstig gesinnt sind, haben seit October 1889 bis Ende Dezember 1891 unter seinem und des Schiffers Geerds Befehl gefahren und keinen Grund zu irgend welchen berechtigten Klagen über die ihnen und anderen gewordene Behandlung, denn sonst würden sie die Gelegenheit sicher nicht versäumt haben, dieselben jetzt vorzubringen.

Wenn nun auch bei Beurtheilung der Frage, ob eine Ausschreitung vorliegt, das Seeamt der Ansicht zuneigt, daß die beiden Schiffsofficiere den gefährlichen aufgeregten Menschen wohl auch ohne Schläge hätten unschädlich machen können, so läßt sich darüber ein bestimmtes Urtheil nicht gewinnen; jedenfalls erscheint aber eine etwa vorgekommene geringe Ueberschreitung des Nothwendigen in dem vorliegenden Falle sehr erklärlich.

Eine Patent-Entziehung hält das Seeamt daher in keiner Weise für gerechtfertigt, an sich nicht, weil nicht feststeht, ob eine strafbare Handlung vorliegt und die Handlung, wenn auch höchst wahrscheinlich Mitursache, so doch jedenfalls nicht die alleinige Ursache des Selbstmordes ist; dann aber auch deswegen nicht, weil beide Schiffsofficiere bisher durchaus einwandsfrei dagestanden haben.

Was die Ursache des Selbstmordes betrifft, so liegt nach dem Inhalt des Tagebuches, dessen Echtheit zu bezweifeln kein Grund vorliegt, die Annahme nahe, daß der Koch, welcher sich an Bord des deutschen Schiffes einsam und bei ungenügender Befähigung zu dem Dienste, zu welchem er sich für eine hohe Monatsheuer vermiethet hatte, unbefriedigt fühlte, schon früher an Selbstmord gedacht hat. Er hat solches ja schon am fünften Tage seines Dienstes an Bord der „Santiago" mit den Worten: »I shall take a cold water bath« deutlich genug zum Ausdruck gebracht; auch deuten die sentimentalen Betrachtungen über die Rückkehr nach England ärmer, als beim Verlassen der Heimath vor 5 Jahren, auf die Möglichkeit hin, daß es sich um eine verfehlte Existenz handelt.

Dann ist zu berücksichtigen, daß der Koch seinem Vorgesetzten nicht nur den Gehorsam verweigert, sondern ihm auch durch Gewalt Widerstand geleistet und ihn thätlich angegriffen hatte, so daß er die Wahrscheinlichkeit einer schweren Bestrafung nach der Ankunft des Schiffes im Bestimmungshafen vor Augen hatte, welche seinen Entschluß zum Selbstmord mit beeinflußt haben mag.

Endlich ist noch über die Bedrohungen des Kochs, nachdem derselbe in die Combüse zurückgekehrt war, von Seiten des Schiffers und Steuermanns zu bemerken, daß die Wahrheit der Behauptung der beiden letzteren, jener habe dem Schiffer mit einem offenen Messer gedroht, vorausgesetzt, die starken Ausdrücke: »I kill you« 2c., welchen dann hinzuzudenken ist, „wenn Du das Messer nicht fortlegst", entschuldbar sein mögen.

Ob dieser behauptete Versuch, dem Schiffer mit einem Messer zu Leibe zu gehen, oder die Bedrohung desselben mit einem Messer in Wahrheit stattgefunden hat, das läßt sich mangels beeidigter Augenzeugen nicht zuverlässig feststellen; indessen hat das Seeamt keinen Grund, diese den begleitenden Umständen nach nicht unwahrscheinlichen Behauptungen der Schiffsofficiere zu bezweifeln.

Wären sie unwahr, so wäre das Verhalten des Schiffers und des Obersteuermanns nach der Ueberwältigung des Kochs sehr zu tadeln.

---

Die Entscheidung des Ober-Seeamts lautet:

Auf die Beschwerde des Reichscommissars gegen den Spruch des Großherzoglich oldenburgischen Seeamts zu Brake vom 12. Februar 1892 über den Seeunfall der Bark „Santiago" von Brake hat das Kaiserliche Ober-Seeamt in seiner zu Berlin am 9. Juni 1892 abgehaltenen öffentlichen Sitzung nach mündlicher Verhandlung der Sache entschieden,

daß der Spruch des Großherzoglich oldenburgischen Seeamts in Brake vom 12. Februar 1892 zu bestätigen und von einem Ansatz der baaren Auslagen des Verfahrens abzusehen sei.

Gründe. Bei Ausführung seiner Beschwerde hat der Reichscommissar darauf hingewiesen, daß auf den Kauffahrteischiffen von den Vorgesetzten noch vielfach mit Stößen und Schlägen gegen die Untergebenen vorgegangen werde, ja, daß hierbei selbst Mißhandlungen nicht ausgeschlossen seien, und er hat geltend gemacht, daß dagegen auch von den Seeämtern eingeschritten werden müsse. Auch das Ober-Seeamt hält es für dringend erforderlich, daß solche völlig unzulässigen und in hohem Grade beklagenswerthen Ausschreitungen der Schiffsofficiere, wenn sie in ursächlichem Zusammenhange mit einem Seeunfall stehen, bei dessen seeamtlicher Untersuchung stets gebührend beachtet und bei den Entscheidungen nach Maßgabe des Gesetzes vom 27. Juli 1877 nachdrücklich gewürdigt werden. Daß aber dazu im vorliegenden Falle Veranlassung vorliege und daß nach dem Antrage des Reichscommissars dem Führer und dem ersten Steuermann der Bark „Santiago" wegen übler Behandlung des verstorbenen Schiffskochs Jarvis die Befugniß zur Ausübung ihres Gewerbes zu entziehen sei, hat das Ober-Seeamt nicht annehmen, sich in der Beurtheilung der zur Untersuchung gezogenen Vorgänge auf dem gedachten Schiffe vielmehr nur der Auffassung des Seeamts und den Ausführungen des angefochtenen Spruchs anschließen können.

Gegen den Schiffer Geerds findet das Ober-Seeamt einen Vorwurf überhaupt nicht begründet. Nach dem Ergebnisse der seeamtlichen Untersuchung erscheint derselbe als ein bei seinen Leuten beliebter, um ihr Wohl besorgter und in seinem Fache tüchtiger Schiffsführer. Den Koch Jarvis hatte er bis zu dem Tage, wo dieser von Bord verschwand, niemals geschlagen, geschweige denn mißhandelt, sondern nur hin und wieder getadelt und einmal heftig gescholten, wozu ihm von diesem, der sich für einen „gelernten" Koch ausgegeben hatte, durch seine Unfähigkeit und Unsauberkeit auch genügende Veranlassung gegeben war. Als Schiffer Geerds aber am 28. Juni den um Hülfe rufenden und bereits blutig geschlagenen Steuermann Wieting von dem mit einem eisernen Stieltopf, also einer gefährlichen Waffe, zum Schlagen ausholenden Koch Jarvis verfolgt sah, war er in seinem Rechte, wenn er den wüthenden Jarvis ohne weiteres durch einen oder einige wirksame Fausthiebe zu weiteren, vielleicht lebensgefährlichen Thätlichkeiten gegen seinen ersten Officier unfähig machte, und zwar um so mehr in seinem Rechte, als mehrere in der Nähe befindlichen Schiffsleute, anstatt ihrem Steuermann gegen einen ihn mißhandelnden Untergebenen beizuspringen, die Einmischung jedes Dritten anscheinend für unangebracht hielten uud den bedauerlichen Vorgang sich ruhig abspielen ließen. Das Verhalten des Schiffers Geerds gegenüber dem Koch Jarvis ergiebt also nach Ansicht des Ober-Seeamts in keiner Weise, daß es ihm an Eigenschaften mangele, die zur Ausübung seines Berufs erforderlich sind.

Was das Verhalten des Steuermanns Wieting anlangt, so mußte kraft seines Amtes zunächst er darauf halten, daß das Essen für die Schiffsbesatzung schmackhaft und sauber zubereitet werde. Er that also nur seine Pflicht, wenn er dem Koch Jarvis, der nicht genügend zu kochen verstand und dabei überdem noch unsauber zu Werke ging, genau auf den Dienst paßte und ihn wiederholt tadelte. Auch kann es ihm nicht verargt werden, daß er sich, als Jarvis sich nicht besserte, selbst zu heftigen Worten gegen ihn hinreißen ließ. Denn es kommt auf einem Schiffe zur Erhaltung sowohl der Gesundheit, als auch des guten Willens und der Laune der Leute sehr viel darauf an, daß ihnen gut und schmackhaft zubereitetes Essen geboten werde. Zu rügen ist es aber, daß Wieting bei dem Vorgange am 28. Juni auf den Jarvis noch mehrfach einschlug, nachdem dieser bereits durch den Schiffer Geerds unschädlich gemacht worden war. Es war dies nicht mehr Ab- und Nothwehr gegen den gefährlichen Angriff seitens des Jarvis, sondern unerlaubte Selbsthülfe und Wiedervergeltung, die Wieting sich um so weniger hätte gestatten sollen, als er Schiffsofficier und Vorgesetzter seines Angreifers war. Sein Verhalten, so tadelnswerth es auch ist, erscheint unter den obwaltenden Umständen aber doch in einem milderen Lichte, als nach der strengen Forderung des Rechts, weil von rein menschlichem Standpunkte aus, auf den jeder Mensch gebannt bleibt, manches entschuldigend für ihn spricht. Seit Wochen hatte ihn Jarvis durch seine Unfähigkeit und sein unverbesserliches Verhalten, worunter die ganze Schiffsbesatzung zu leiden hatte und wobei guter Proviant verschwendet wurde, gegen sich aufgebracht und ihn in eine immer gereiztere Stimmung versetzt. Am Morgen des 28. Juni versagte ihm Jarvis bei einer wohlbegründeten und wohlbefugten Aufforderung den Gehorsam und überfiel ihn, ohne daß er dazu Veranlassung gegeben hätte, plötzlich mit einem lebensgefährlichen Angriff, schlug ihn wie ein Wüthender an Kopf und Hand blutig und ließ von ihm selbst dann noch nicht ab, als er sich zur Flucht wandte, bis dann Jarvis durch das thatkräftige Einschreiten des Schiffers unschädlich gemacht und weiterer Mißhandlung des Steuermanns, zu der es, da die dabei stehenden Leute alles ruhig geschehen ließen, noch gekommen sein dürfte, glücklicherweise ein Ziel gesetzt wurde. Diesem plötzlichen und ganz unerwarteten Angriffe gegenüber hatte Steuermann Wieting Fassung und Besonnenheit zunächst gewiß verloren; er war jetzt auf das äußerste gereizt und nicht nur aufgebracht über die dienstwidrige Ausschreitung eines Untergebenen, sondern auch gekränkt durch die sein Ansehen schmälernde Demüthigung vor den Augen anderer Schiffsleute. Daß nun auch er noch auf den von ihm schon ablassenden Jarvis einschlug, war überflüssig und deshalb unberechtigt, aber unter den obwaltenden Umständen erklärlich und auch einigermaßen entschuldbar. Denn Beleidigungen und Angriffe um so weniger ruhig über sich ergehen zu lassen, je schwerer sie sind, vielmehr sie unverzüglich zurückzugeben und dadurch wieder wett zu machen, liegt im natürlichen Gefühle des Menschen und erscheint den Anschauungen weiter Kreise als gerechtfertigt, ja selbst als nicht abweisbar. Und daß hierbei in der Aufregung des Augenblicks leicht die Schranken überschritten werden, welche Besonnenheit und richtige Ueberlegung ziehen würden, ist zwar bedauerlich und nicht zu billigen, indessen unter Berücksichtigung der menschlichen Natur und der Anschauungen, wie sie gang und gebe sind, nicht mit voller Schärfe zu verurtheilen, zumal dann nicht, wenn, wie hier, ein völlig unberechtigter und maßloser Angriff von einem zum Gehorsam aufgeforderten und verpflichteten Untergebenen ausgeht, also eine Ausschreitung gröbster Art vorliegt.

Auch in Ansehung des Steuermanns Wieting kann hiernach das Ober-Seeamt nicht annehmen, daß er durch sein Verhalten gegenüber dem Koch Jarvis den Mangel an solchen Eigenschaften bekundet habe, die zur Ausübung seines Berufs erforderlich sind.

Selbst dann also, wenn es feststände, daß Jervis durch die ihm vom Schiffer Geerds oder vom Steuermann Wieting oder von beiden widerfahrene Behandlung zum Selbstmorde veranlaßt worden sei, würde das Ober-Seeamt nicht dazu gelangen können, nach dem Antrage des Reichscommissars gegen beide oder einen von ihnen die Androhung im §. 26 des Gesetzes vom 27. Juli 1877 zu verwirklichen.

Im Einverständniß mit dem Seeamt muß auch das Ober-Seeamt davon absehen, die Vorgänge, welche sich nach Bewältigung des Kochs Jarvis in der Combüse abgespielt haben, in näheren Betracht zu ziehen. Denn diese Vorgänge sind nicht näher beglaubigt, zugleich aber recht wohl in solcher Weise erklärbar, daß sie den Schiffer und den Steuermann nicht belasten. Wenn der Koch Jarvis wirklich zum offenen Messer griff, so wären die gegen ihn laut gewordenen starken Drohungen ebenso erklärlich und entschuldbar gewesen, wie seine Herabsetzung in der Heuer bei der an den Tag gelegten Unfähigkeit, fortgesetzten Nachlässigkeit und Unsauberkeit berechtigt erschien.

Mit dem Seeamt nimmt auch das Ober-Seeamt an, daß der Koch Jarvis seinen Tod durch Ueberbordspringen gesucht und gefunden habe. Was eigentlich ihn dazu getrieben, ist nicht völlig klar. Es scheinen dabei, wie wenigstens die Aufzeichnungen in seinem Tagebuche entnehmen lassen, nicht lediglich die Vorgänge am 28. Juni für ihn bestimmend gewesen zu sein. Vielleicht lagen die ersten Gründe in seinem unbekannten Vorleben. Er war ein mehr sentimentaler, als energischer Mensch. Durch unwahre Angaben hatte er sich einen verhältnißmäßig leichten und gut bezahlten Dienst auf der „Santiago" verschafft; doch fehlte ihm die Thatkraft, um wenigstens alles daran zu setzen, daß Vorgesetzte und Kameraden durch seine Leistungen möglichst befriedigt würden. Statt dessen ließ er sich gehen und vernachlässigte seine Pflichten. So mußte er sich innerlich unbefriedigt, als Fremder aber zugleich vereinsamt fühlen und schon lange vor dem 28. Juni wandelten ihn Gedanken von Selbstmord an. Häufige und begründete Vorwürfe, namentlich von Seiten des Steuermanns, machten ihn immer unmuthiger, so daß er dem gegen diesen gefaßten Groll schließlich durch einen schon früher ins Auge gefaßten Angriff Luft machte. Davon aber die Folgen zu tragen, die Herabsetzung in der Heuer sich gefallen und später eine verdiente ernste Bestrafung über sich ergehen zu lassen, dazu gebrach ihm die Kraft und er nahm sich lieber das Leben.

Konnte nach allem diesen das Ober-Seeamt der Beschwerde Folge nicht geben, so mußte es auch, da sie vom Reichscommissar erhoben war, von einem Ansatz der baaren Auslagen des Verfahrens absehen.

## 34. Spruch des Seeamts zu Flensburg vom 1. Februar 1892 und Entscheidung des Kaiserlichen Ober-Seeamts vom 10. Juni 1892, betreffend den Seeunfall des Schraubendampfers „Adele" von Kiel.

Der Spruch des Seeamts lautet:

Die Strandung ist dadurch herbeigeführt worden, daß der Schiffer zu der Zeit, als er den Curs auf Nord setzte — um 3 Uhr 30 Minuten morgens am 7. Januar —, der Südostküste von Bornholm zu nahe war.

Der Schiffer hat dadurch die Strandung verschuldet, daß er um 3 Uhr 30 Minuten morgens seinen Curs nicht einen oder zwei Strich östlicher setzte als er that.

Der Steuermann hat den Unfall mitverschuldet, weil er nach 4 Uhr morgens angesichts der immer ruhiger werdenden See es unterließ, nach Osten auszusteuern.

Es ist zu rügen, daß der Dampfer nicht mit einem

polizeilichen Ausweise über die gestattete Anzahl von Passagieren versehen war.

Weder dem Schiffer Krützfeldt, noch dem Steuermann Lamp wird die Befugniß zur Ausübung des Schiffergewerbes entzogen.

Gründe. Der zur Rhederei Sartori in Kiel gehörende Dampfer „Adele", Unterscheidungs-Signal LCJF, Netto-Raumgehalt 625,6 cbm = 220,80 britischen Registertons, unterhält eine regelmäßige Fracht- und Passagierfahrt zwischen Kiel und den preußischen Ostseehäfen, namentlich Königsberg und Danzig. Die Fahrt zwischen Königsberg und Kiel nimmt unter normalen Verhältnissen zwei bis drei Tage in Anspruch.

Das Schiff hat zwei Laderäume, den Großraum vorn und einen kleineren Hinterraum. Letzterer ist 21 Fuß breit und 25 Fuß lang, hat mithin eine Quadratfläche von 525 Fuß; die Luke darüber ist 6 Fuß breit und 9 Fuß lang.

Zwischen den beiden Laderäumen liegt der Ueberbau mit dem Steuerhause darüber und den Kajütsräumen darunter. Die Maschine mit dem Kessel liegt hinter und unter diesen Kajütsräumen.

Außer den Kajütsräumen sind noch zu beiden Seiten der Maschine Räume für die Maschinisten und die Matrosen; beide sind 1,75 m breit und 2,40 m lang. Der an Backbord liegende für drei Matrosen und einen Heizer bestimmte Raum enthält vier Kojen, der an Steuerbord liegende für zwei Maschinisten bestimmte Raum zwei Kojen und eine Bank.

Ferner sind vorn unter der Back noch drei Kojen angebracht.

Auf Deck befinden sich zwei Boote in Davids mit einem Gesammt-Raumgehalte von 7½ cbm. Auch ist das Schiff mit 2 Rettungsbojen und 17 Korkjacken ausgestattet.

Eine polizeiliche Feststellung der Tragfähigkeit des Schiffes und der mit demselben zu befördernden Personen ist seither nicht erfolgt.

Die Besatzung besteht aus 9 Personen, nämlich:

1. dem Schiffer Ernst Otto Krützfeldt aus Laboe,
2. dem Steuermann Oswald Lamp aus Meeschendorf auf Fehmarn,

sowie einem Maschinisten, 2 Heizern, von denen einer zugleich als Maschinisten-Assistent fungirt, 3 Matrosen und einem Koch, insgesammt 9 Köpfen.

Das Schiff befand sich am 7. Januar 1892 auf der Reise von Königsberg nach Kiel mit einer Ladung Stückgüter und 27 Deckspassagieren, als es an der Ostküste Bornholms strandete.

Das Frachtgut war zumeist im Vorderraum, zu einem geringen Theile auch im Hinterladeraum verstaut.

Die Passagiere waren 24 ostpreußische Dienstmädchen und 3 männliche Handarbeiter. Letzteren war das unter der Back befindliche Logis überwiesen. Den Mädchen hatte man den Hinterladeraum zur Verfügung gestellt und zwar so, daß sie auf den hier verstauten mit Matten überdeckten Säcken unter einer Decke ihr Nachtlager haben sollten. Auf ihren Wunsch hatte man ihnen indeß die Kajütsräume überlassen. Hier schliefen sie in den Kojen, auf Sophas und Bänken, während der Schiffer, der Steuermann und der Koch Unterkommen in den neben der Maschine liegenden Logisräumen suchten und, so gut es ging, auch fanden. In der Nacht vor der Strandung schlief einer der männlichen Passagiere nicht vorn unter der Back, sondern in dem im Maschinenraume stehenden Twistschrank.

An Passagegeld hatten die Passagiere ohne Beköstigung 10 M. und die mit Beköstigung 13 M. zu zahlen.

Am 6. Januar abends 11 Uhr 30 Minuten, während man bei Sturm aus Südwest, hoher See und schneedicker Luft den Curs WzN steuerte, kam das Feuer von Due Odde an der Südspitze Bornholms WNW in Sicht. Es tauchte nur einige Male auf, woraus man schloß, daß es in der Kimme sei und die Entfernung bis dahin noch etwa 20 Seemeilen — die Sichtweite des Feuers — betrage. Man setzte den Curs einstweilen fort und lief in demselben bis 2 Uhr morgens am 7. Janaur nach Schätzung nur noch etwa 4 Seemeilen, da die entgegenstehende hohe See, trotz der mit voller Kraft gehenden Maschine, eine raschere Fahrt nicht gestattete. Um 2 Uhr morgens setzte man Segel und veränderte den Curs auf NW. Um 3 Uhr 30 Minuten, als man mit diesem Curse 2 Seemeilen zurückgelegt hatte, kam zum ersten male wieder das Feuer von Due Odde in Sicht und zwar nicht allein das große, sondern auch das kleinere, wiederum in der Peilung WNW. Nachdem der Schiffer den Abstand auf etwa 8 Seemeilen geschätzt hatte, setzte er den Curs auf N$^{1}/_{8}$O und ließ bis 4 Uhr 30 Minuten mit halber Kraft fahren. Dann ließ man das Schiff bei gestoppter Maschine vor den Gaffelsegeln treiben. Der Schiffer begab sich zur Koje und überließ dem Steuermann die Navigirung mit der Weisung, das Schiff weiter vor den Segeln treiben zu lassen, dabei aber fortwährend das Loth zu gebrauchen. Der Steuermann verfuhr dieser Weisung gemäß. Das Schiff lag während des Treibens NW an und machte nur wenig Fahrt vorwärts. Lothungen ergaben bis 5 Uhr 40 Minuten morgens keinen Grund. Als dann plötzlich 10 Faden Wasser gelothet wurden, wurde auf Anordnung des mittlerweile wieder auf Deck gekommenen Schiffers das Ruder hart Backbord gelegt und die Maschine auf vorwärts gestellt. Das Schiff wollte indeß nicht abfallen. Es stellte sich alsbald heraus, daß es fest auf dem Grunde saß. Versuche, mit rückwärtsgehender Maschine und einem ostwärts ausgebrachten Warpanker abzukommen, blieben ohne Erfolg.

Bei Tagesanbruch gewahrte man, daß das Schiff an der Ostküste von Bornholm in der Nähe der Hafenstadt Svaneke 1 ½ Seemeilen südlich von Möllenakken und etwa 2 Kabellängen vom Lande entfernt, gestrandet war.

Anfangs saß das Schiff ziemlich ruhig. Nach einer halben Stunde stieß es indeß hart auf Steine und wurde dabei allmälig so leck, daß 6 Fuß Wasser im Vorderraum gepeilt wurden und der Hinterraum bis zum Wasserspiegel voll Wasser war. Mit Hülfe vom Lande herbeigekommener Fischer wurden um 10 Uhr sämmtliche Passagiere glücklich an Land geborgen; dieselben sind demnächst über Rönne und Kopenhagen nach Kiel befördert worden. Später wurde auch die gesammte Ladung, zum größten Theil freilich in durchnäßtem Zustande, geborgen. Nach Entlöschung ist das Schiff von dem Svitzer'schen Bergungsdampfer „Kattegat" abgeschleppt und dann nach vorläufiger Dichtung im Hafen von Svaneke nach Kiel gebracht, um hier reparirt zu werden. Die Reparaturkosten betragen 8000 M., die Bergungskosten 20000 M.

Der Reichscommissar hat beantragt, daß sowohl dem Schiffer wie dem Steuermann die Befugniß zur Ausübung des Schiffergewerbes entzogen werden möge. Zur Begründung dieses Antrages ist in Sonderheit hervorgehoben worden, daß sie das Schiff gegen einen Sturm hätten auf den Strand laufen lassen.

---

Bei dem harten Sturm aus SW und dem hohen Seegange war es gerechtfertigt, daß der Schiffer morgens 3 Uhr 30 Minuten seinen Curs so setzte, daß er unter den Schutz der Insel Bornholm kam, um hier zu warten, bis besseres Wetter eintrat; denn der ungünstige Wind gestattete nur ein langsames Vorwärtskommen und ließ die Gefahr nahe treten, daß dabei die Kohlen ausgehen konnten, bevor man den Bestimmungsort erreichte. Es wäre auch alles gut gegangen, wenn er seinen Curs etwas östlicher gesetzt hätte als er that. Er ging bei Wahl des Curses N ⅛ O von der Voraussetzung aus, daß er noch 8 Seemeilen von dem Feuer von Due Odde entfernt sei. Diese Voraussetzung war indeß unrichtig. Thatsächlich stand er nicht 8, sondern höchstens 5 Seemeilen vom Feuer; denn die nach der Strandungsstelle gefahrenen und gesegelten Curse rückwärts gedacht auf die Karte übertragen, führen an eine Stelle, welche 5 Seemeilen OSO von Due Odde Feuer entfernt liegt. Das Schiff mußte von dieser Stelle aus, anfangs den Curs nordwärts haltend und dann nach NW hin treibend, unfehlbar auf die Küste treiben, freilich nicht, wie der Reichscommissar dem Schiffer und dem Steuermann zum Vorwurf macht, gegen den Wind, sondern mit halbem Winde, da dieser doch aus SW wehte und damit das schließlich NW anliegende Schiff bei halbem Winde segelte. Bei einiger Ueberlegung hätte der Schiffer dazu kommen müssen, seinen Curs mindestens einen oder zwei Strich weiter östlich zu setzen. Er hatte zu bedenken, daß die Schätzung der Entfernung vom Feuer bei der dicken Luft eine unsichere sein mußte, er folglich dem Feuer viel näher stehen mochte, als er annahm, und daß Lothungen an der Ostküste von Bornholm nicht zu verwerthen sind, weil die Tiefen hier so schroff abfallen, daß man fast in demselben Momente, wo man noch 20 Faden Wasser und darüber lothet, schon auf dem Strande sitzen kann.

Etwas weiter nach Ost auszusteuern erschien um so mehr angezeigt, weil das Schiff dabei immer noch unter gutem Schutze vor dem Winde blieb; denn je weiter nördlich man kam, desto mehr deckte die Insel Bornholm das Schiff vor der aus SW kommenden hohen See.

Der Schiffer hat, weil er nicht so handelte, wie hier angedeutet, es an der nöthigen Vorsicht fehlen lassen und damit die Strandung verschuldet.

Zur Zeit, als der Steuermann mit dem NW anliegenden Schiffe dem Lande zutrieb, muß allmälig das Wasser, in welchem man sich befand, immer ruhiger und weniger bewegt geworden sein, weil bei dem südwestlichen Winde hier nur geringe Dünung stehen konnte. Hätte der Steuermann, wie man solches von einem älteren, erfahrenen Seemann billigerweise verlangen kann, hierauf gehörig geachtet, so würde er schon geraume Zeit vor der Strandung darauf hingeleitet sein, daß er sich der Küste in gefährlicher Weise nähere. Er würde dann noch immer Zeit und Raum genug zur Verfügung gehabt haben, nach Osten auszusteuern und damit die Strandung zu vermeiden. Er hat, weil er es in dieser Beziehung an der nöthigen Umsicht fehlen ließ, den Unfall mitverschuldet.

Die hiernach sich gegen den Schiffer und den Steuermann ergebenden

Vorwürfe sind nach dem Erachten des Seeamts nicht so schwerwiegende, daß es gerechtfertigt erscheinen konnte, ihnen die Befugniß zur Ausübung des Schiffergewerbes zu entziehen. Es war hierbei auch zu erwägen, daß seither etwas Nachtheiliges gegen diese Leute nicht zur Sprache gekommen ist und sie sich allgemein des Rufes solider, ordentlicher Männer erfreuen.

Die Art der Unterbringung der Passagiere steht mit der Strandung in keinem ursächlichen Zusammenhange und es kann deshalb nach dem Erachten des Seeamts die Frage, ob in dieser Richtung allen Ansprüchen genügt war, angesichts der Bestimmungen des §. 26 des Gesetzes vom 27. Juli 1877 für die Entscheidung über die Entziehung der Gewerbebefugniß nicht in Betracht kommen.

Wenn gleichwohl das Seeamt Veranlassung gefunden hat, sich mit den Einrichtungen für die Passagiere zu beschäftigen, so ist dies im Hinblick auf den §. 4 des angezogenen Gesetzes geschehen, wonach durch die seeamtliche Untersuchung nicht allein die Ursachen des Seeunfalls, sondern auch alle mit demselben zusammenhängenden Thatumstände (von Erheblichkeit) ermittelt werden sollen.

Nach der Verordnung der Königlichen Regierung zu Schleswig vom 26. October 1885, betreffend die Personenbeförderung mit Dampfschiffen im Bezirke derselben — Amtsblatt 1885 Stück 75 — haben sich die Rheder oder Führer solcher Schiffe, welche zur Personenbeförderung an den Küsten der Nord- und Ostsee zwischen schleswig-holsteinischen und anderen deutschen Hafenplätzen bestimmt sind, mit einem polizeilichen Ausweise bezüglich der höchsten Anzahl der Personen zu versehen, welche mit dem Dampfschiffe befördert werden dürfen. Dieser Vorschrift ist bezüglich des Dampfers „Adele" nicht entsprochen worden, obgleich derselbe eine Personenbeförderung zwischen Kiel und anderen deutschen Hafenplätzen der Ostsee unterhalten hat.

Nach der der angezogenen Verordnung beigefügten Anweisung, betreffend die Vermessung der zur Personenbeförderung bestimmten Dampfschiffe behufs Festsetzung der zulässig aufzunehmenden Passagiere — §. 11, a — ist unter anderem Folgendes zu beachten:

„Jedem Deckspassagier ist in der Zeit vor Juni und nach August außer dem Platze auf Deck ein Raum geschützt vor der Witterung und mit genügender Lüftung, unter Deck gelegen, von mindestens 1,20 qm Fläche (0,60 m — 0,70 m breit und resp. 2,00 bis 1,75 m lang) zur Verfüguug zu stellen."

Dieser Vorschrift war genügt worden, indem man den 24 Dienstmädchen den Hinterladeraum zur Verfügung stellte. Sie hatten hier mehr als den vorgeschriebenen Raum zur Verfügung. Dieser

Raum war unter Deck gelegen, schützte die Mädchen vor der Witterung und hatte genügende Lüftung. Die Bauart des Schiffes ist nämlich eine solche, daß es auch bei schwerstem Wetter hinten kein Wasser übernimmt und deshalb die Hinterluke zur Einlassung von Luft immer ganz oder theilweise offen stehen kann.

Wenn die Mädchen es vorzogen, anstatt in dem geräumigen Laderaum in den weniger geräumigen Kajütsräumen die Nächte zuzubringen, so war dies lediglich ihre Sache, schließt aber einen Vorwurf gegen Rheder oder Schiffer, die Vorschriften der Verordnung seien nicht beachtet, aus.

Damit hat indeß keineswegs gesagt sein sollen, daß die für die Personenbeförderung auf der „Adele" vorhandenen Einrichtungen gute und zweckmäßige seien. Dies kann man weder von den Kajüten für die Kajütspassagiere noch von dem Laderaum für die Deckspassagiere sagen. Die Schlafräume selbst sowohl wie der Kajüten-Salon sind so eng und dumpfig, daß sie billigen Anforderungen an Comfort und Bequemlichkeit nicht entsprechen. Die den Deckspassagieren zur Verfügung stehenden Laderäume gewähren hinsichtlich des Schutzes vor der Witterung und der Lüftung nur das Allernothwendigste, weil sie zum Theil wenigstens nicht einmal vom Tageslicht erhellt werden können und eigentliche Ventilationsvorrichtungen fehlen.

Sind Deckspassagiere meist auch Leute, welche an Bequemlichkeit keine großen Ansprüche zu machen pflegen, und des billigen Passagepreises wegen auch mit Recht nicht können, so drängt doch andererseits das menschliche Mitgefühl zu dem Wunsche, daß diese Passagiere es in Zukunft auf einer Reise, wo sie 2 bis 3 Nächte unterwegs sein müssen, ein wenig besser haben mögen, als sie es auf der „Adele" hatten.

Für die Passagierfahrt auf Dampfschiffen in den chinesischen Gewässern hat die englische Regierung Anordnungen getroffen, welche den Deckspassagieren eine bessere Unterkunft gewähren, als sie auf der „Adele" hatten.

---

Die Entscheidung des Ober-Seeamts lautet:

Auf die Beschwerde des Reichscommissars gegen den Spruch des Königlich preußischen Seeamts in Flensburg vom 1. Februar 1892 über den Seeunfall des Dampfschiffs „Adele" von Kiel hat das Kaiserliche Ober-Seeamt in seiner zu Berlin am 10. Juni 1892 abgehaltenen öffentlichen Sitzung nach mündlicher Verhandlung der Sache entschieden,

„daß der Spruch des Königlich preußischen Seeamts in Flensburg vom 1. Februar 1892 zu bestätigen und von einem Ansatz der baaren Auslagen des Verfahrens abzusehen sei."

Gründe. In der Beurtheilung der Ursachen des Seeunfalls der „Adele" und des Verhaltens des Führers und des Steuermanns derselben befindet sich das Ober-Seeamt nicht nur im wesentlichen mit dem Seeamt, sondern auch fast durchweg mit dem Reichscommissar im Einverständniß.

Mit Recht führt der letztere in seiner Beschwerde aus:

„Die Absicht des Schiffers, unter der Leeseite der Insel Bornholm Schutz zu suchen, sei unter den obwaltenden Umständen eine berechtigte und richtige gewesen, die aber mit der nöthigen Vorsicht und Aufmerksamkeit zur Ausführung hätte gebracht werden müssen;

in Folge des Schneetreibens seien die Leuchtfeuer nicht oder wenigstens nur selten und auf kurze Zeiten sichtbar gewesen, so daß sie dem Schiffer keinen sicheren Anhalt geboten hätten;

auch das Loth, wenigstens das Handloth habe einen solchen nicht gewähren können, da das Wasser bis dicht an den Strand sehr große Tiefen habe;

das einzige sichere Merkmal für die Annäherung an den Strand der Insel habe der Seegang, beziehungsweise dessen allmälige Abnahme gebildet, die daher besonders aufmerksam und ununterbrochen hätte beobachtet werden müssen."

Wenn aber der Reichscommissar es als grobe Pflichtverletzung bezeichnet, daß Schiffer Krützfeld unter den obwaltenden Umständen nach 4 Uhr morgens unter Deck gegangen und dem Steuermann allein die Wache und die Verantwortlichkeit überlassen habe, zumal er gewußt, sowohl daß das Schiff trotz gestoppter Maschine mit den gesetzten Segeln fortfahren werde vorauszugehen, als auch, daß es damals nur noch 1½ bis 2 Seemeilen vom Lande abgestanden habe, so hält das Ober-Seeamt diesen Vorwurf nicht für begründet. Denn abgesehen davon, daß Schiffer Krützfeld die gefahrdrohende Nähe des Strandes nicht kannte und nicht voraussetzte, so hatte er seine regelmäßige Wache gethan und er konnte sie jetzt um so eher dem Steuermann, der Schiffer auf großer Fahrt war, übergeben, als diesem dadurch unter den obwaltenden Umständen besonders schwierige Aufgaben nicht zufielen. Denn das Schiff trieb mit gestoppter Maschine unter beigesetzten Gaffelsegeln in einer vom Lande abgekehrten Lage und mußte sich bei etwaigem Vorwärtsgehen der Küste parallel bewegen. Zudem war dem Steuermann erschöpfende und der Sachlage entsprechende Anweisung ertheilt worden. Wenn gleichwohl die „Adele" auf den Strand gelaufen ist, sich diesem also nach und nach genähert hat, so muß dies auf eine nicht erkannte Strömung oder auf einen Fehler des Compasses, vielleicht selbst auf beides zurückgeführt werden, da für beides die Möglichkeit vorhanden war. Denn die Strömungen in diesem Theile der Ostsee, obwohl sie im allgemeinen von der Windrichtung abhängig sind, erscheinen doch häufig schon in entgegengesetzter Richtung, wenn der bisherige Wind noch weht, und geben so einen Fingerzeig für dessen zu erwartendes Umspringen. Zugleich ist aber ein Compaßfehler wahrscheinlich, da nach neueren Forschungen in der Umgegend von Bornholm eine ganz andere Variation vorhanden ist, als die Seekarten sie angeben.

Schiffer Krützfeld hat aber darin gefehlt, daß er beim Sichten sowohl des großen, als auch des kleinen Feuers von Due Odde seinen Abstand auf deren volle Sichtweite, 20 bezw. 8 Seemeilen abschätzte und nicht in Rechnung zog, daß bei dem herrschenden dicken Wetter diese Sichtweite und damit sein Abstand von der Küste geringer sein werde. Hätte er dies beachtet, so würde er voraussichtlich seinen Curs um 1 bis 2 Strich östlicher gesetzt und damit die Strandung vermieden haben. Vielleicht würde er der Gefahr auch später noch entgangen sein, wenn er, als nach 5 Uhr 40 Minuten morgens plötzlich nur noch 10 Faden Wasser gelothet wurden, das Schiff sogleich mit voller Kraft rückwärts hätte gehen lassen, anstatt mit Backbordruder vorwärts abzudrehen. Da er sich jedoch auf einem mit der Küste parallelen Curse befand oder zu befinden annehmen durfte, so war das letztere Manöver um so weniger unrichtig von ihm gewählt, als er dabei sein Schiff weit sicherer in der Gewalt behielt, als beim Rückwärtsgehen.

Den Steuermann Lamp trifft der Vorwurf, auf seiner Wache den Zustand der See nicht genügend in Obacht behalten zu haben. In dieser Beziehung ist vom Reichscommissar mit vollem Recht Folgendes hervorgehoben worden:

> „Das einzige, aber sichere und bei einiger Aufmerksamkeit unverkennbare Merkmal für die mehr oder weniger gefährlich werdende Annäherung an den Strand der Insel bildete der Seegang beziehungsweise die allmälige Abnahme desselben. Letztere mußte daher auch besonders aufmerksam und ununterbrochen beobachtet werden. Daß dieses Merkmal thatsächlich vorhanden war, geht daraus hervor, daß um 2 Uhr

die Sturzseen nach vorn über das Schiff hingingen, daß man sich bereits nach 4 Uhr, wie Steuermann Lamp angegeben, unter Schutz des Landes und im „schmuleren" Wasser befunden hat und daß schließlich das Schiff in so ruhigem Wasser strandete, daß es 1/2 bis 1 Stunde lang ruhig auf dem Strande stehen konnte, und daß es sogar ausführbar war, in dem winzig kleinen Schiffsboote einen Warpanker auszufahren."

In der That hätte Steuermann Lamp das allmälige Abnehmen und das schließliche Aufhören des Seegangs, das ihm bei ausreichender Aufmerksamkeit nicht entgehen konnte, in gehörige Obacht ziehen sollen. Er würde dann zeitig erkannt und dem Schiffer Meldung davon gemacht haben, daß man dem Lande näher stehe, als bisher angenommen worden war. Indessen, da er im voraus wußte, daß der ihm aufgegebene Curs auf ruhiges Wasser führen werde, so fiel ihm das allmälige Ruhigerwerden der See weniger auf, zumal die Beobachtung von sehr allmälig eintretenden Veränderungen schwieriger ist, als bei schroffen Uebergängen.

Sonach stehen weder Schiffer Krützfeld noch Steuermann Lamp der Strandung des Schiffes „Adele" gegenüber vorwurfsfrei da. Ersterer hat es bei Schätzung der Entfernung von Leuchtfeuern, letzterer bei Beobachtung des Zustandes der See an der nöthigen Sorgfalt fehlen lassen. Indessen können diese Fehler kaum als besonders schwere, jedenfalls aber nicht als solche angesehen werden, nach denen bei Krützfeld oder bei Lamp der Mangel von Eigenschaften angenommen werden müßte, welche zur Ausübung ihres Gewerbes erforderlich sind.

Danach war der Spruch des Seeamts lediglich zu bestätigen, von einem Ansatze der baaren Auslagen aber abzusehen, weil die Beschwerde vom Reichscommissar eingelegt ist.

## 35. Spruch des Seeamts zu Bremerhaven vom 30. April 1892, betreffend den Seeunfall des Schraubendampfers „Eider" von Bremen.

Der Spruch des Seeamts lautet:

Die Strandung des Dampfers „Eider" bei Atherfieldledge (Insel Whigt) ist auf einen Irrthum des Schiffers zurückzuführen, der sich südwestlich von seinem Besteck schätzte. Vorsichtiger hätte dieser gehandelt, wenn er bei der von ihm unterschätzten Dichtigkeit des Nebels die Fahrt noch mehr gemindert hätte, zumal da er auf dem gesteuerten Curse keine Landmarken und Feuer bemerkt hatte, die er bei der angenommenen Sichtigkeit der Kimm hätte sehen müssen.

Die letzen Lothungen waren offenbar unrichtig. Das Verhalten der Besatzung nach der Strandung ist ohne Tadel.

Die Thätigkeit der englischen Rettungsmannschaften verdient Anerkennung.

Gründe. Der viermastige Schraubendampfer „Eider", Unterscheidungs-Signal QDTK, Heimathhafen Bremen, Rhederei der Norddeutsche Lloyd in Bremen, mißt brutto 13 369,5 cbm und netto 8364,6 cbm oder 2952,71 britische Register-Tons. Die Länge des Schiffes beträgt 131,00 m, die Breite 14,35 m und die Tiefe 10,55 m. Die Maschine ist eine dreicylindrige Verbundmaschine mit 6 Feuerbüchsenkesseln mit rückkehrenden Heizröhren; sie indicirt 7000 Pferdestärken. Der Maschinenraum ist 52,22 m lang. Die Besatzung, welche nach dem Handbuch für die deutsche Handelsmarine aus 179 Mann bestehen soll, beträgt während des Winters in Folge geringeren Bedarfs an Schiffskellnern weniger; auf der vorliegenden Reise bestand sie aus 104 Mann. Der Schiffer Johann Heinrich Georg Heinecke ist 57 Jahre alt, besitzt das Befähigungszeugniß zum Schiffer auf großer Fahrt. Seit 1878 fährt er als Schiffsführer in Diensten des Norddeutschen Lloyd; die vorliegende Reise ist die erste, die er als Führer eines der zwischen New-York und Bremerhaven fahrenden Schnelldampfer dieser Gesellschaft machte.

Am Sonnabend, den 23. Januar 1892 vormittags 11 Uhr, verließ der Dampfer bei schönem Wetter und westlichem Winde den Pier von Hoboken und dampfte ostwärts. Das Schiff befand sich damals in durchaus seetüchtigem Zustande. Erbaut im Jahre 1884 in Glasgow von John Elder & Co., wurde es anfangs Januar 1892 in Bremerhaven durch den Experten des Bureau Veritas untersucht und überall in gutem Zustande befunden. Die Klasse I Abtheilung 3/3 L. 1. 1. (A. & C. P.) wurde auf vier weitere Jahre erneuert. Die Ladung war ordnungsmäßig gestaut und garnirt, und 227 Passagiere befanden sich an Bord.

Nach einer Fahrt von ungefähr sieben Tagen über den Atlantischen Ocean, bei der erwähnenswerthe Vorfälle sich nicht ereigneten, befand sich das Schiff am Sonnabend, den 30. Januar 1892 mittags, auf

49° 28' Nordbreite und 14° 32' Westlänge, der Curs war N79°O. Der Schiffsort wurde durch eine, nach Angabe des Schiffers, sehr gelungene Sonnenbeobachtung festgestellt. Der Wind war westlich, Stärke 6, ging zunächst nach WSW bei Stärke 5, dann nach WNW mit derselben Stärke, die allmälig bis zum folgenden Tage sich auf Stärke 4 abschwächte; der Wind blieb WNW bis zur Strandung. Die See war am Sonnabend sehr bewegt, so daß der Dampfer stark rollte; der Seegang nahm jedoch immer mehr ab und das Wetter, das am Sonnabend schön und klar gewesen war, änderte sich nach dem Tagebuch und den Aussagen der sämmtlichen hierüber vernommenen Zeugen allmälig; das Barometer fiel; die Luft war theils stark bezogen und es trat nachts um 2 Uhr Staubregen ein. Die Sichtigkeit der Kimm verlor sich zeitweilig und von Zeit zu Zeit wurde die Luft häsig und traten zeitweilig auch Nebelschauer ein. Am Sonntag, den 31. Januar, konnten wegen des Wetters tagsüber astronomische Beobachtungen nicht gemacht werden. Nach Eintritt der Dunkelheit wurden, wenn das Wetter nebelig war, wie allseitig bezeugt wird, Nebelsignale gegeben. Der Dampfer fuhr die ganze Zeit bis Sonntag abends 6 Uhr 58 Minuten, stets mit voller Kraft, nur während zweier Minuten von 12 Uhr 45' bis 12 Uhr 47' wurde mit halber Kraft gefahren. Der Schiffer, welcher während der ganzen Zeit stets die Navigation geleitet hat, erklärte vor dem Seeamt, daß die Kimm immer ausreichend sichtig gewesen sei, um volle Fahrtgeschwindigkeit beizubehalten; er habe stets noch mehrere Seemeilen voraussehen können und dies wird durch die übrigen vernommenen Schiffsofficiere bestätigt. Dafür spricht anscheinend auch die glaubwürdige Angabe des Schiffers, daß er am Sonntag 11 Uhr 30 Minuten morgens bei ONOCurs in NNW½W mißweisend einen Augenblick Land, anscheinend Cap Lizard, gesichtet, dessen Entfernung vom Dampfer er zwar nicht genau habe schätzen können — sie wird vom zweiten Officier Krause auf 6 bis 8 Seemeilen angegeben —, daß er aber zwischen dem Schiff und dem Lande zwei Dampfer und mehrere Segler gesehen habe. Zur Bestimmung des Schiffsorts sei diese Peilung jedoch nicht zu verwerthen gewesen.

Um 6 Uhr 58 Minuten abends wurde die Maschine, da es inzwischen wieder nebeliger geworden war, auf halbe Kraft gesetzt; sie arbeitete so eine halbe Stunde lang. Um 7 Uhr 28 Minuten waren die Nebelschauer noch häufiger und dichter geworden, so daß der Schiffer die Maschine langsam gehen ließ bis 8 Uhr 17 Minuten; um diese Zeit wurde die Maschine wieder auf halbe Kraft gesetzt

Zwischendurch war die Kimm zeitweilig anscheinend sichtiger geworden und um 8 Uhr waren gar Sterne durchgekommen, so daß eine Peilung des Nordsterns durch den ersten Steuermann Walter und eine des Sterns Regulus durch den dritten Steuermann Hellmers vorgenommen werden konnte; nach Angabe der beiden Steuerleute mit gutem Erfolg. Von 8 Uhr 17 Minuten bis 9 Uhr 35 Minuten, dem Zeitpunkte der Strandung, fuhr der Dampfer unausgesetzt mit halber Kraft. Die Fahrtgeschwindigkeit der „Eider" beträgt bei voller Kraft 16 Seemeilen die Stunde, bei halber Kraft 11 bis 12 Seemeilen und bei langsamer Fahrt 8 bis 9 Seemeilen. Auf hoher See wird nach übereinstimmender Angabe des Schiffers und der Steuerleute nicht geloggt; im Canal wurde das Patentlogg wiederholt ausgeworfen und das Ergebniß mit den Umgängen der Maschine stets übereinstimmend gefunden. Schiffer und Steuerleute halten das Patentlogg für unbedingt zuverlässig; ihr Vertrauen in dasselbe wurde auch nicht erschüttert, als abends etwa um 8 Uhr 30 Minuten, wie die Maschine mit halber Kraft arbeitete, durch das Logg eine Geschwindigkeit von 13½ bis 14 Knoten festgestellt wurde. Da nach der Angabe des ersten Maschinisten Spormann die Maschine nur 42 Umgänge zeigte, somit das Schiff nicht mehr als 12 Knoten laufen konnte, überzeugte sich der Schiffer ebenfalls, daß die Maschine nur 43 Umgänge in der Minute hatte, das Loggergebniß somit nicht genau war.

Was die gesteuerten Curse anlangt, so war von Sonnabend, den 30. Januar, von Mittag ab zunächst eine Stunde ONO½O, dann bis zum nächsten Morgen 4 Uhr 30 Minuten stets O¼N wahrer Curs gesteuert, dann zwei Stunden Ost, fünf Stunden O¾N, dann von kurz vor Mittag, den 31. Januar fünf Stunden ONO¾O, von da ab ¼ Strich östlicher 1½ Stunde lang; dann wieder eine Stunde noch ¼ Strich östlicher. Darauf eine Stunde NOzO¾O, eine halbe Stunde NO¾O und fast eine und eine halbe Stunde ONO½O, endlich bis zur Strandung 20 Minuten noch NOzO; alles ausweislich des Schiffstagebuchs, dessen Richtigkeit vom Schiffer und den Steuerleuten bestätigt wird. Bei der Bestimmung des Schiffsorts und der Festsetzung der Curse sind vom Schiffer verschiedene Momente in Rechnung gezogen, die auf den Curs einzuwirken geeignet sein konnten. So wurde die örtliche Ablenkung, die regelmäßig ¼ bis 1° östlich war, nach Inbetriebsetzung der großen Dynamomaschine am Nachmittag um 2 bis 3° vermehrt, und dieses Mehr zum theil in Rechnung gezogen, zum theil aber, da der Schiffer seiner Angabe nach bei nebligem Wetter stets 1/4 Strich von Land abhalten läßt, nicht. Ferner wurde der Strom in Rechnung gezogen. Nach dem Strombuch war bis Shambles der Strom entgegen, hier, ungefähr zwischen 5 und 6 Uhr nachmittags, mußte der Strom kentern und, da am Unfalltage ungefähr Springfluth war, von hier ab stark mit dem Schiffe gehen. Der von dem Schiffer gewählte Curs hält, wie vor dem Seeamt festgestellt wurde, scharf an der englischen Südküste entlang; es ist aber möglich, mit demselben von der Küste freizufahren. Durch irgend einen nicht aufgeklärten Fehler oder andern Umstand gelang es dem Schiffer vor dem Seeamt nicht, wie er die gesteuerten Curse auf der Karte abzusetzen hatte, den wirklich gesteuerten Curs nachzuweisen; er fuhr hiernach nicht vom Lande frei. Hieraus erhellt nur, daß der Schiffer so nahe wie möglich an der englischen Küste entlang zu fahren beabsichtigte, somit den thunlichst kürzesten Weg einzuschlagen gesucht hatte.

Mit Rücksicht auf das zum theil neblige Wetter hatte der Schiffer wiederholt lothen lassen und zwar mit den Thomsen'schen Lothröhren, denen Schiffer und Steuerleute volles Vertrauen schenken. Der Schiffer hat sich jede Lothung zeigen lassen und mit dem Ergebniß die Karte verglichen. Gelothet wurde morgens um 8 Uhr, um 8 Uhr 30 Minuten, um 9 Uhr, um 11 Uhr und um 11 Uhr 40 Minuten; nachmittags wurde jede Stunde einmal gelothet bis abends 8 Uhr, von wo ab alle Viertelstunde gelothet wurde bis zur Strandung. Das Ergebniß der Lothungen stimmte nach Angabe des Schiffers stets mit der Karte überein, bis Start point passirt wurde. Von da ab stimmten die Ergebnisse des Lothens nicht mehr mit der Karte. Der Schiffer schloß hieraus, daß er südlich von seinem Besteck sei. Gelothet wurde um 8 Uhr 44 m, desgleichen um 8 Uhr 15 Minuten, um 8 Uhr 30 Minuten und um 8 Uhr 45 Minuten, um 9 Uhr nur 35 m und um 9 Uhr 15 Minuten 34 m. Diese letzten beiden Lothungen sind offenbar unrichtig. Wenn auch angenommen wird, daß der Dampfer sich südlicher befand, so lassen sich die früheren Lothungen mit solcher Annahme wohl vereinen, nicht aber die letzten. Das Seeamt glaubt nun, daß der dritte Steuermann Helmers, welcher die Lothungen geleitet, die Lothröhren gewissenhaft und vorschriftsmäßig gehandhabt hat, daß aber der Thomson'sche Apparat doch nicht das unbedingte Vertrauen verdient, welches Schiffer und Steuerleute in ihn setzen. Weder mit den vom Schiffer dem Seeamt vorgelegten Karten, noch mit den vom Seeamt herbeigeschafften neueren Karten läßt sich das Resultat der letzten Lothungen vereinigen, selbst wenn von der Strandungsstelle rückwärts der Schiffsort zu den Zeiten, wo die beiden letzten Lothungen vorgenommen sind, festgelegt wird. Fünf Minuten nach der letzten Lothung gerieth der Dampfer auf Grund bei Atherfieldledge.

Daß der Schiffer mit dem Dampfer etwa 15 Seemeilen östlicher gerathen, als er nach den Bestimmungen des Schiffsorts zu sein glaubte, hat das Seeamt an sich nicht überrascht. Es ist nur nicht zu verstehen, wie weder dem Schiffer noch den Steuerleuten der Argwohn gekommen, daß sie möglicherweise doch östlicher sein könnten, während sie sich stets nur südlicher geschätzt haben. Zu tadeln ist nur, daß der Schiffer in dem Bestreben, eine möglichst schnelle Reise zu machen, ein Bestreben, das den Wünschen der Rhederei entspricht, die einzig mögliche Sicherheitsmaßregel, bei unsichtigem Wetter langsam zu fahren, in dem gefährlichen und verkehrreichen Fahrwasser des Canals außer acht gelassen hat, zumal da das einzige Mittel bei nebligem Wetter, den Schiffsort festzustellen, die Lothungen, der eigenen Angabe des Schiffers nach, seit Start point bereits versagt hatte. Das Seeamt hält schon den Versuch für gewagt, bei unsichtigem Wetter mit einem Schnelldampfer, der große Werthe und viele Menschenleben birgt, die enge Fahrstraße der Needles zu passiren. Nun behaupten zwar der Schiffer und die Steuerleute, das Wetter sei keineswegs so unsichtig gewesen, daß eine weitere Verminderung der Fahrgeschwindigkeit erforderlich gewesen wäre. Diese Angabe ist schwer zu glauben; namentlich da der Schiffer bei diesem Vorfall sowohl als auch durch sein Auftreten vor dem Seeamt sich als tüchtiger und umsichtiger Seemann gezeigt hat. Er mußte bei seinem Curse dicht unter Land doch wenigstens zeitweilig, wenn seiner Angabe nach das Wetter völlig sichtig war, Landmarken und nach Eintritt der Dunkelheit Feuer sehen. Bis auf einen Augenblick kurz vor Mittag Land von Lizard gesichtet wurde, ist weder eine Landmarke noch ein Feuer gesehen worden. Dieser Umstand hätte auch einem weniger tüchtigen Seemann, als der Schiffer ist, auffallen müssen. Das Schiff gerieth auf Grund etwa 1600 Fuß von der Küste entfernt in einer Gegend, wo schon viele Schiffe im Nebel auf Strand gerathen und verloren sind. Das Seeamt hat daher auch die Frage erwogen, ob der Unfall nicht vielleicht sich hätte vermeiden lassen, wenn am Strande noch ein helles Feuer oder eine Nebelsirene oder andere Alarmsignaleinrichtung sich befunden hätte, zumal da von der Stelle aus nur bei sichtigem Wetter, wie am Abend nach der Strandung festgestellt wurde, sowohl das Feuer von Needles als auch dasjenige von Catherines point klar gesichtet werden kann. Diese Frage ist auch anläßlich der vorliegenden Strandung von englischen

Fachzeitschriften erörtert und zum theil das Bedürfniß für eine derartige Einrichtung anerkannt. Das Seeamt hat diese Frage nicht entscheiden zu sollen geglaubt.

Als das Schiff auf Strand gerieth, befand sich der Schiffer zur Feststellung des Schiffsorts mit dem letzten Lothergebniß im Kartenhaus. Er eilte sofort auf die Brücke, wo der zweite Steuermann Krause inzwischen sofort die Maschine hatte stoppen und volle Kraft rückwärts arbeiten lassen; auch wurden sofort 150 Tons von der Ladung vorn geworfen, jedoch alles vergeblich. Durch Signale wurde ein Rettungsboot herbeigeholt; die Passagiere zogen jedoch vor an Bord zu bleiben, da das Wetter schön und das Schiff, wie sofort vorgenommene Peilungen ergeben hatten, dicht geblieben war, sie auch mit der Besatzung hofften, daß das Schiff alsbald wieder flott werden würde. Am folgenden Tage trat stürmisches Wetter ein; das Schiff wurde durch die See hinten gehoben und stieß jedesmal beim Niedersetzen hart auf den Grund; auch drehte es sich mit dem Heck nach Süden. Es wurde gegen Abend leck. Die Passagiere waren nachmittags bereits abgeholt durch Rettungsmannschaften vom Lande, die wegen der herrschenden starken Brandung eine anerkennenswerthe Ausdauer entwickeln mußten, um an das Schiff heranzukommen. Die Rettung der Passagiere, des Gepäcks, der Post und der Contanten geschah ohne Unfall und zeigte sich hier, wie auch während der ganzen Zeit nach der Strandung, daß an Bord des Schiffes eine musterhafte Disciplin herrschte. Die weiteren Versuche, das Schiff flott zu bekommen, scheiterten ebenfalls, wenngleich die angewandten Maßregeln als durchaus sachdienlich bezeichnet werden können, und am Donnerstag nach der Strandung wurde ein Contract mit der nordischen Bergungsgesellschaft abgeschlossen, der es erst am 29. März 1892 gelang, das Schiff flott zu bekommen und nach Southampton zu bugsiren. Während der ganzen Zeit war der Schiffer mit einem kleinen Theil der Mannschaft an Bord geblieben.

Die Hauptbeschädigungen des Dampfers sind: Hinterkiel und Hintersteven mit daran befindlichen Platten und Spanten sind auf etwa 20 Fuß weggerissen; das Ruder ist abgebrochen, die Schraube unbrauchbar geworden und die Schraubenwelle gebrochen.

# 36. Spruch des Seeamts zu Brake vom 13. Juni 1892, betreffend den Seeunfall der Tjalk „Adeline" von Westrhauderfehn.

Der Spruch des Seeamts lautet:

Der Verlust der Tjalk „Adeline", welche am 15. April 1892 auf der Jadeplate aufgestoßen und leck geworden und darauf von der Besatzung verlassen ist, ist dadurch herbeigeführt worden, daß der Schiffer statt zu Anker zu gehen, den Versuch machte, von der Plate frei bezw. über dieselbe hinweg zu segeln.

Nach dem Verlassen des Schiffes hat der Schiffer Vogelsang die Bergung einem Marinedampfer überlassen, ohne sich selbst um Schiff und Ladung genügend zu bekümmern und ohne den ernstlichen Versuch zu machen, in der Nähe seines Schiffes zu bleiben.

Demselben wird die Befugniß zur Ausübung des Schiffergewerbes entzogen.

Thatbestand. Die Tjalk „Adeline" aus Westrhauderfehn, vermessen zu einem Netto-Raumgehalt von 45,3 cbm oder 15,99 britischen Register-Tons Netto-Raumgehalt, erbaut 1873 aus Holz, war nicht in das Schiffsregister eingetragen und stand im Alleineigenthum des im Besitz eines, am 10. Januar 1889 von dem Königlich preußischen Regierungs-Präsidenten zu Aurich ausgestellten Zeugnisses über die Befähigung zum Schiffer auf Küstenfahrt, befindlichen Schiffers Weert Vogelsang aus Westrhauderfehn.

Mit einer aus 120 Fässern Petroleum bestehenden Ladung, von denen 20 Fässer auf Deck verstaut waren, wurde am 13. April 1892 bei einem Tiefgang des Schiffes von etwa 4 Fuß die Reise von Nordenhamm nach Norden angetreten. Die Besatzung bestand aus dem Schiffer und dem Jungen Gerd Meyer aus Ostrhauderfehn.

Abends 7 Uhr ging man bei Plexen zu Anker und kreuzte am Morgen des 14. April bis Eversand hinunter, wo wieder Anker geworfen wurde.

Am 15. April, morgens um 1¾ Uhr ging man bei flauer Briese aus NNW unter Segel, segelte und kreuzte bis zum Feuerschiff Bremen; dann steuerte man mit WzS und W½SCurs nach der Jade hinüber. Da der Ebbstrom die „Adeline" nach der Jadeplate zu versetzte und man mit der flauen Briese nicht freisegeln konnte, trotzdem man das Schiff ganz vor dem Winde hielt, auch mit Hülfe der Riemen nicht freikam, trieb das Schiff über die Plate hinweg, wobei es einige Male hart stieß. Hierdurch hatte das Fahrzeug einen Leck bekommen und füllte sich der Raum trotz angestrengten Pumpens rasch mit Wasser. Das Schiff legte sich auf die Backbordseite und mußte verlassen werden. Die Besatzung ging in das Boot und ruderte nach dem in der Nähe befindlichen Schiffe „Dina", Schiffer Hinr. Jacobs von Rhaudermoor hinüber, welches sie aufnahm. Die „Dina" segelte nach der auf der Ladung treibenden „Adeline"; man befestigte an derselben eine Trosse und versuchte, sie auf der Mellumplate an Grund zu setzen.

Es war inzwischen die Fluth eingetreten; das Aufstoßen war etwa um 6 Uhr morgens, 2½ Stunden vor Niedrigwasser erfolgt. Trotzdem das in der Jade liegende Artillerieschulschiff „Mars" zwei Boote mit Bemannung und später eine Dampfpinasse zur Hülfe sandte, gelang es nicht, die „Adeline" auf Grund zu setzen; man ging daher mit der „Dina" auf 9 Faden Wasser zu Anker; die „Adeline" war mit zwei Trossen an der „Dina" befestigt. Gegen Abend brachen die Trossen; der Tender des „Mars", „Taurus", kam heran und fragte die Leute auf der „Dina", ob sie die „Adeline" bergen wollten, worauf dieselben antworteten, es sei ihnen nicht möglich. Der Führer des Dampfers antwortete: Dann nehme ich das Fahrzeug mit. Der Schiffer Vogelsang machte keinen Versuch, von dem „Taurus" aufgenommen zu werden, segelte vielmehr mit der „Dina", nachdem man noch bemerkt hatte, daß die ersten Versuche, die „Adeline" ins Schlepptau zu nehmen, mißlangen, nach dem neuen Brack und kam an Bord der „Dina" am 18. April in Westrhauderfehn an.

Der „Taurus" hatte die Versuche, die Tjalk zu bergen, aufgeben müssen, weil die Trossen brachen. Am 16. April wurde der Lootsendampfer „Wilhelmshaven" unter Führung des Oberlootsen Türen mit der Bergung des im Fahrwasser treibenden Fahrzeuges beauftragt; derselbe kam gegen 2 Uhr nachmittags bei dem in der Nähe von Schilligrhede treibenden Wrack an und gelang es der Besatzung des Dampfers, die „Adeline", nachdem deren Mast gekappt worden war, aufzurichten und nach Wilhelmshaven einzuschleppen. Von der Ladung war ein großer Theil weggetrieben. Das Schiff ist seitens des Assecuradeurs als Wrack verkauft worden. Die „Adeline" war zu 1900 M. versichert.

Gründe. Nach dem obigen, auf Grund der Aussage des Schiffers und des Oberlootsen Türen ermittelten und festgestellten Thatbestande ist die Strandung bezw. das Stoßen dadurch herbeigeführt, daß der Schiffer versäumt hat, rechtzeitig zu ankern, was bei dem flauen Winde durchaus ungefährlich und auch geboten war. Daß er mit dem 4 Fuß tief gehenden Schiffe nicht wagen durfte, über die Plate zu segeln, auf welcher nach der Karte stellenweise nur 1 m Wasser stehen soll, scheint dem Schiffer nicht unbekannt gewesen zu sein, sonst hätte er wohl nicht den Versuch gemacht, mit Hülfe von Rudern frei zu kommen. Da in etwa zwei Stunden die Fluth eintreten mußte, durfte er sich nicht darauf verlassen, daß er möglicherweise einen genügenden Wasserstand antreffen werde, sondern er mußte, als er merkte, daß er den Strom nicht überwinden konnte, Anker werfen. Daß er dieses unterließ, ist der erste schwere Vorwurf, der den Schiffer trifft. Der zweite schwerere Vorwurf geht dahin, daß er sein Schiff so leicht aufgab, wie er es gethan hat. Zunächst hat er versäumt, vor dem Verlassen des Schiffes, einen Anker auszubringen; ferner ist von ihm der Versuch, den Mast zu kappen, gar nicht unternommen, obgleich hierdurch die Wiederaufrichtung des Schiffes ermöglicht und die Bergung erleichtert worden wäre; sodann hat er nicht den geringsten Versuch gemacht, bei dem Schiffe zu bleiben, als der Tender des „Mars" die Bergung versuchte. Er hat nicht einmal den Führer des Dampfers ersucht, ihn an Bord zu nehmen, ist vielmehr, nachdem die ersten Versuche der „Dina" gescheitert waren, die Bergung zu bewerkstelligen und der „Taurus" sich anschickte dieselbe durchzuführen, an Bord der „Dina" nach seiner Heimath gesegelt, die „Adeline" nebst ihrer Ladung ihrem Schicksale und den Marinebehörden überlassend.

Die Unvorsichtigkeit beim Navigiren, welche den Unfall verschuldet hat, würde, für sich allein betrachtet, das Seeamt nicht zu der vom Reichscommissar beantragten Patent-Entziehung geführt haben, in Verbindung mit der vom Schiffer nach dem Unfall gezeigten Gleichgültigkeit — die ihn das Schiff verlassen ließ, ohne vorher einen Anker auszubringen oder den Versuch zum Kappen des Mastes zu machen und die ihn später mit der „Dina" nach Hause segeln ließ, während er Gelegenheit hatte, in der Nähe seines Schiffs zu bleiben — mußte dieselbe die Ueberzeugung begründen, daß es dem Schiffer an Eigenschaften mangle, welche zur Ausübung seines Gewerbes als Schiffer und Transporteur fremder, ihm anvertrauter Güter erforderlich sind und daß in Folge dieses Mangels der Unfall mit seinen schweren Folgen eingetreten ist.

## 37. Spruch des Seeamts zu Brake vom 13. Juni 1892, betreffend den Seeunfall des Schraubendampfers „Cintra“ von Oldenburg.

Der Spruch des Seeamts lautet:

Der Seeunfall des Schraubendampfers „Cintra“, welcher am 8. März 1892 beim Auslaufen aus der Douromündung auf der Barre bei Porto schwer leck gestoßen ist, ist durch schweren Strom und plötzlich eintretenden hohen Seegang auf der Barre verursacht.

Die Führung der „Cintra“ ist frei von aller Schuld; das Verhalten des Schiffers, der Maschinisten und der übrigen Besatzung nach dem Unfall verdient Anerkennung.

Thatbestand. Auf Grund der vor dem Kaiserlichen Consulat in Porto am 12. März 1892 von dem Schiffer Duken, dem ersten Steuermann Strüfing, beiden Maschinisten, drei Matrosen und dem Heizer Hengemühle abgelegten Verklarung, der in der heutigen Hauptverhandlung erfolgten Vernehmung des Schiffers, des zweiten Steuermanns Janßen und des ersten Maschinisten Köser, sowie des in der Hauptverhandlung verlesenen Schreibens des Kaiserlichen Consulats zu Porto unter Mittheilung einer Uebersetzung des vom Departamento Maritimo do Norte de Portugal über den Unfall der „Cintra“ erstatteten Berichts hat das Seeamt Nachstehendes festgestellt:

Der der oldenburgisch-portugiesischen Dampfschiffs-Rhederei in Oldenburg gehörende, zu 2511,4 cbm oder 886,53 britischen Register-Tons Netto-Raumgehalt vermessene eiserne Schraubendampfer „Cintra“, Unterscheidungs-Signal NGHC, mit einer Compound-Maschine von 440 indicirten Pferdestärken, erbaut im Jahre 1888, stand unter Führung des Schiffers auf großer Fahrt Jan Duken aus Brake und wurde regelmäßig zur Fahrt zwischen Porto, anderen portugiesischen Häfen und Hamburg bezw. Brake—Bremen verwendet. Schiffer Duken fährt schon seit vielen Jahren regelmäßig auf Porto und ist mit den dortigen Verhältnissen vertraut.

Der Dampfer hatte, als er am 7. März 1892 bei Porto segelfertig lag, volle Ladung, bestehend aus 1000 Tonnen Erz, ferner Korkholz, Wein und einer Partie Stückgüter, eingenommen. Der Tiefgang betrug hinten 17 Fuß 2 Zoll, vorn 16 Fuß 7 Zoll. Die Mannschaft bestand aus im ganzen 17 Mann, dazu waren 2 Passagiere an Bord. Am 8. März 1892 früh kam der Lootse an Bord; man lichtete zunächst hinten Warp- und Tauanker, dann Steuerbord-Buganker. Der Dampfer hatte in Porto, wie dies dort üblich, hinten und vorn vertäut gelegen. Der Lootse brachte 2 Boote, mit je 9 Mann bemannt, mit an die Stadt. Diese Lootsenboote nehmen die Warp- und Tauanker ein und helfen den Dampfern in der starken Strömung steuern. Die Strömung war an dem fraglichen Tage besonders heftig. Schiffer Duken nahm daher einen starken Schleppdampfer zur Hülfeleistung beim Schwaien an. Nachdem das Schiff herumgeschwait war, dampfte man stromabwärts. Es wehte eine flaue Briese und hatte es den Anschein, als wenn die Barre glatt und ruhig wäre. Der Schiffer und der Lootse wechselten über die gute Beschaffenheit der Barre noch einige Bemerkungen. Der Lootsencommandeur, der sich in seinem Boote auf der Barre befand, gab mit der Flagge das Signal zum Passiren derselben; nunmehr ging die „Cintra" mit Volldampf vorwärts. Es war etwa 9 Uhr 30 Minuten morgens, eine Stunde vor Hochwasser, als das Schiff gerade auf der Barre war, als sich unmittelbar vor demselben, hervorgerufen durch die starke, nach außen setzende Strömung und die nach dem Lande zu setzende Dünung, drei sehr hohe Seen aufwarfen. Bei der ersten See stampfte das Schiff stark, ohne den Grund zu berühren, bei der zweiten stieß es sehr schwer auf den Grund. Man peilte sofort die Pumpen und fand im Raum I 6 Fuß, im Raum II ungefähr 3½ Fuß Wasser. Die Donkey- und Centrifugalpumpe wurden angesetzt und mit voller Kraft dem Hafen von Leixoes zugedampft, um das Schiff dort auf den Strand zu setzen. Die Boote wurden fertig gemacht und ausgeschwungen; die Passagiere waren in denselben untergebracht. Der Vorderraum füllte sich schnell mit Wasser und das Schiff sank zusehends tiefer. Das Wasser lief bereits über beide Vorderluken, als man um 10 Uhr in den Hafen von Leixoes einlief und das Schiff auf Grund setzte. Der Schiffer gab Befehl, die Feuer aus den Kesseln zu reißen, die Maschine aber mit Volldampf weiter laufen zu lassen, damit der Dampf schnell verbraucht werde. Bald darauf drang das Wasser in den Heiz- und Maschinenraum und kurz nach 12 Uhr sank das ganze Schiff auf Grund, so daß nur das oberste Deck und die Back aus dem Wasser hervorragten; Mannschaft und Passagiere mußten nun an Land befördert werden.

Nachdem die Ladung gelöscht worden war, wurde das Schiff mit Cement gedichtet und ist demnächst nach Lübeck gedampft, wo es auf der Koch'schen Werft reparirt wird. Da der Kiel auf eine Länge von 52 Fuß beschädigt ist, auch die dem Kiel zunächst liegenden

Platten gelitten haben, ist der Schaden sehr bedeutend und werden die Reparaturkosten vom Schiffer auf etwa 100 000 M. veranschlagt.

Wie der Bericht des Departamento Maritimo ergiebt, hatte die Lootsencorporation einstimmig die Ausfahrt des Dampfers als thunlich bezeichnet. Durch die auf 5 Seemeilen in der Stunde geschätzte Stromgeschwindigkeit sei aber die Steuerfähigkeit desselben gemindert worden, so daß er beim Passiren des engen Canals zwischen den Felsen Lage d'Abra und Picao über diesen letzteren gefahren und durch die grade entstandene See auf den Felsen hinuntergeworfen worden sei. Ohne die schwere See würde er nicht aufgestoßen sein.

Gründe. Es kann nicht zweifelhaft sein, daß Schiffer Duken sowie seine Besatzung an dem Unfall nicht die geringste Schuld haben.

Ob der Dampfer, nachdem er segelfertig lag, fahren konnte, d. h. ob der Zustand der Barre es erlaubte, darüber hatte der Lootsencommandeur zu befinden, der dem unter Lootsenführung stehenden Schiffe das Zeichen zum Passiren der Barre gab. Aber auch dem Lootsen scheint eine Schuld nicht beizumessen zu sein. Ob er den engen Canal zwischen den zwei Felsen nur wegen der heftigen Strömung, in welcher das Schiff nicht gut steuerte, verfehlt hat, das entzieht sich der Beurtheilung des Seeamts, zumal eine genaue Karte des betreffenden Reviers nicht hat herbeigeschafft werden können; doch ist die betreffende Angabe der portugiesischen Behörde nicht unwahrscheinlich. Daß die Barre sehr unbeständig und gefährlich ist, ist allgemein bekannt. Demnach ist als Hauptursache des Unfalls das plötzliche Auftreten der hohen Seen auf der Barre zu bezeichnen, die das Durchstoßen des Schiffes verursachten.

Die vom Schiffer Duken nach dem Leckstoßen des Schiffes ergriffenen Maßregeln verdienen als zweckentsprechend und mit Umsicht und Ruhe getroffen, volle Anerkennung. Ebenso das Verhalten der übrigen Besatzung, insbesondere des Maschinenpersonals, welches durch prompte Ausführung der Befehle zur Bergung des Schiffes und Rettung der an Bord befindlichen Menschen beigetragen hat.

Das Lootsenwesen scheint auf dem Douro gut organisirt zu sein und von den zuständigen Behörden den Schwierigkeiten, die das Revier bietet, nach Möglichkeit Rechnung getragen zu werden.

## 38. Spruch des Seeamts zu Tönning vom 15. Juni 1892, betreffend den Seeunfall des Ewers „Maria" von Husum.

Der Spruch des Seeamts lautet:

Die Ladung Steinkalk in Säcken, welche der Schiffer Lorenzen auf seiner Reise von Husum nach Sylt vom 25. bis 27. September 1891 an Bord gehabt, ist in Brand gerathen. Die Ursache der Entzündung hat nicht festgestellt werden können. Ein Verschulden des Schiffers liegt nicht vor.

Es wird gerügt, daß der Schiffer den an Bord befindlichen Matrosen nicht angemustert hat.

Gründe. Der Schiffer H. M. Lorenzen, Führer und Eigenthümer des in Husum beheimatheten Ewers „Maria", Unterscheidungs-Signal LRGS, vermessen zu 51,8 cbm = 18,29 britischen Register-Tons Netto-Raumgehalt, nahm am 25. und 26. September 1891 in Husum eine nach Munkmarsch auf Sylt bestimmte Ladung ungelöschten Steinkalks — im Gewicht von ungefähr 20000 kg — an Bord. Der Kalk ist aus Eisenbahnwaggons in Säcke geladen; die gefüllten Säcke sind mit Fuhrwerk an's Schiff gebracht und hier ordnungsmäßig verstaut. Die „Maria" holte am 26. September nachmittags 5 Uhr aus dem Hafen. Dieselbe segelte bis Holmerfähre und ging daselbst gegen 7 Uhr abends zu Anker. Am nächsten Tage, morgens gegen 1 Uhr ward die Reise fortgesetzt und man kreuzte bei mäßigem Wind aus WSW hinunter nach Hallig-Gröde. Hier bemerkte der Schiffer, daß die Ladung in Brand gerathen war. Aus der Vorderluke stieg Qualm empor. Da derselbe immer stärker wurde, ging der Schiffer dicht unter dem Watt am Anfang des Olander Ley's vor Anker, setzte dann die Nothflagge und machte sich mit seinem Matrosen daran, den Brand im Raum zu löschen. Dieses gelang aber erst, nachdem 3 Mann von Langenäß und 4 Mann von Gröde an Bord gekommen und nachdem mit ihrer Hülfe eine große Anzahl Säcke, theils mit, theils ohne Inhalt ins Wasser geworfen waren.

Der Herd der Entzündung lag nach Aussage des Schiffers zwischen dem Vordermast und der Vorderluke etwas nach der Backbordseite. Hier sah man, als die Luke geöffnet war, und einige Säcke der obersten Lage abgewälzt waren, daß kleine Flammen aus den Säcken schlugen, sowie daß mehrere auf einander liegende Säcke an ihren Berührungspunkten bereits durchgebrannt und verkohlt waren.

Von dieser Stelle aus hat sich das Feuer weiter verbreitet. Dasselbe ist schließlich nach Beseitigung der brennenden Säcke und durch den Kalk, welcher aus den angebrannten und herausgerissenen Säcken in den Raum fiel, erstickt worden.

Die Entstehungsursache des Brandes der Ladung ist unaufgeklärt geblieben.

Eine Entzündung von Kalk erfolgt nur durch Hinzutritt von Wasser und zwar gehören auf 100 Theile Kalk 33 Theile Wasser, um ersteren abzulöschen. Sobald der Kalk mit Wasser vermischt wird, entwickelt sich Dampf. Die Dampfentwickelung hört auf, nachdem der Kalk abgelöscht, d. h. nachdem er zu calcium oxydhydrat geworden ist. Es erscheint nun nach der Beweisaufnahme nahezu als ausgeschlossen, daß Wasser in die Ladung gekommen ist. Das Schiff, in welches der Kalk bei trockenem Wetter und in trockenen Säcken verladen ist, welches vor der in Rede stehenden Reise und nach derselben mehrere Ladungen Kalk von Husum nach Sylt gebracht hat, ohne daß dieselben beschädigt wären, war vollständig dicht, die Pumpen waren und blieben auf der ganzen Reise lenz. Das Wetter war gut. Das Schiff hat kein Wasser übergenommen. Uebrigens war auch das Deck und die Stellen, an welchen die Masten und die Pumpen eingesetzt sind, dicht. Wäre Wasser von oben in den Raum eingedrungen, so hätte naturgemäß die oberste Lage Säcke zunächst sich entzündet. Wäre das Wasser von unten oder von den Seiten an die Ladung gekommen, so hätte dasselbe mit der untersten Lage bezw. mit den an den Seiten liegenden Säcken der Fall sein müssen. Der Brand ist aber zuerst zwischen den beiden oberen Lagen der Säcke beobachtet. Daß Kalk, welcher im Löschungsprozeß begriffen ist, die umhüllenden Säcke in dem Maße zu erhitzen vermag, daß dieselben beim Hinzutritt von frischer Luft in Flammen aufgehen, steht nach dem Gutachten des vernommenen Chemikers Heinz fest. Ein brennender Sack kann dagegen den Kalkinhalt nicht entzünden oder auch nur nennenswerth erhitzen. Es haben aber andererseits mehrere Zeugen bekundet, daß die nicht brennenden Säcke, sowie ihr Inhalt sich ganz heiß angefühlt haben. Ueber die Beschaffenheit des Kalkes, welcher aus den brennenden und gerissenen Säcken in den Raum gefallen ist, namentlich darüber, ob und in welchem Umfange derselbe abgelöscht gewesen ist, hat sich nichts feststellen lassen.

Wenn nun auch angenommen werden muß, daß der Kalk sich entzündet hat, und daß infolgedessen die Säcke Feuer gefangen haben, so bleibt immerhin die Möglichkeit bestehen, daß lediglich die Säcke, etwa durch ihre von der Bewegung des Schiffes verursachte Reibung unter einander, in Brand gerathen sind. Damit würde auch der Befund, wonach zuerst die Säcke der obersten und der zweiten Lage an ihren Berührungspunkten gebrannt haben, im Einklang stehen.

Mit Sicherheit hat nur ausgesprochen werden können, daß den Schiffer hinsichtlich des fraglichen Seeunfalls ein Verschulden nicht trifft.

Der Schiffer hat aber seinen Matrosen, welchen er auf der in Rede stehenden Reise an Bord hatte, nicht angemustert und dadurch gegen §. 10 der Seemannsordnung vom 27. December 1872 — R.-G.-Bl. S. 409 — verstoßen. Dies war zu rügen.

## 39. Spruch des Seeamts zu Bremerhaven vom 18. Juni 1892, betreffend den Seeunfall des Schraubendampfers „Neckar" von Bremen.

Der Spruch des Seeamts lautet:

Der Seeunfall des Schraubendampfers „Neckar" ist darauf zurückzuführen, daß dessen Schraubenschaft, wahrscheinlich in Folge eines älteren, äußerlich nicht erkennbaren Fehlers im Innern der Schraubenwelle gebrochen ist und in der weiteren Folge das Sternrohr gesprengt hat. Hierdurch füllte sich die Piek mit Wasser, welches durch das nicht ganz dichte Schott in den Laderaum drang. Der Unfall wäre wahrscheinlich auch nicht vermieden, wenn in Folge ungewöhnlicher Anzeichen in der Maschine und in der Bewegung des Schiffes während der letzten Viertelstunde vor dem Bruch der Welle, die Fahrt verlangsamt wäre.

Die nach dem Unfall ergriffenen Maßregeln, namentlich auch die Annahme der Hülfe von Seiten des Dampfers „Beechville" waren zweckdienlich.

Gründe. Der Schraubendampfer „Neckar", Unterscheidungs-Signal QCPB, mißt brutto 8839,6 cbm und netto 1869,63 Register-Tons, ist 1874 aus Eisen gebaut; die Rhederei ist der Norddeutsche Lloyd in Bremen, Heimathhafen Bremen. Das Schiff hat eine Zwillingsmaschine nach dem Verbundsystem und zehn Feuerbüchsenkessel mit rückkehrenden Heizröhren und indicirt die Maschine 3250 Pferdestärken. Geführt wurde der Dampfer von dem Schiffer J. Röben; die Besatzung bestand aus 119 Mann. Die gebrochene Welle wurde geliefert von der „Gute Hoffnungs-Hütte" in Oberhausen und am 15. März 1887 eingelegt.

Der Dampfer „Neckar", unterwegs von Ostasien nach Bremerhaven, hatte am 9. April 1892 Genua verlassen und befand sich in der Nacht vom 12. auf 13. April zwischen 2 und 3 Uhr etwa 15 Seemeilen von Cap St. Vincent in der Nähe von Sagres. Die Maschine hatte bis dahin stets untadelhaft gearbeitet. Der zweite Maschinist Toel, welcher um Mitternacht seine Wache angetreten hatte, bemerkte kurz vor 3 Uhr, daß die Maschine schwerer als gewöhnlich arbeitete. Er begab sich nach hinten in den Tunnel, wo er Verdächtiges nicht bemerkte; nur fand er, daß das Wasser in der Sternbüchse etwas lau war. Dies meldete er dem Obermaschinisten Hoburg. Dieser war kurz vorher durch das Klappern der Ruderkette, die übrigens nicht mit der Maschine in Verbindung steht, wach geworden und hatte sich in die Maschine begeben, wo er alles in Ordnung fand. Der Meldung des zweiten Maschinisten Toel legte er besondere Bedeutung nicht bei, da seiner Angabe nach die Ursachen des Lauwerdens nicht leicht festzustellen sind; es komme z. B. häufiger vor, daß sich von außen etwas vor den Seehahn setze, so daß das Wasser nicht reichlich läuft. Der Obermaschinist begab sich dann wieder an Deck, um sich nach dem von der Ruderkette herrührenden Geräusch umzusehen, während der zweite Maschinist sich wieder nach hinten begab und dieselbe Temperatur des Wassers in der Sternbüchse, 4 bis 5° mehr als gewöhnlich, vorfand. Er beruhigte sich bei dieser Thatsache und begab sich wieder in die Maschine. Der Obermaschinist traf auf seinem Gange an Deck einen Quartermeister, der ihm gegenüber die Meinung aussprach, daß hinten etwas nicht in Ordnung sei. Auch der Steurer Grützmacher fand etwa 15 bis 20 Minuten vor dem Wellenbruch, daß etwas mehr Bewegung im Schiffe sei wie gewöhnlich und glaubte anfangs, daß vielleicht ein Schraubenflügel gebrochen sei. Das Geräusch in den Ruderketten nahm er auch wahr und drehte, in der Meinung, daß sie vielleicht reichlich lose seien, die Spannstangen der Ruderketten etwas mehr an. Der Obermaschinist, welcher an den Ruderketten Besonderes nicht wahrgenommen hatte, begab sich nach dem Ruderhause. Inzwischen hatte der zweite Maschinist Toel auf seinem Wege vom Tunnel nach der Maschine grade das Maschinenschott betreten, als er an dem auffallend schnellen Arbeiten der Maschine sich davon überzeugte, daß die Welle gebrochen sei. Er stoppte die Maschine sofort. Ein Geräusch hatte er nicht wahrgenommen; dagegen haben der Obermaschinist, der Steurer Grützmacher und der Bootsmann Sawitzky ein donnerähnliches Getöse beim Bruch der Welle gehört. Der zweite Maschinist begab sich wieder nach hinten, wo ihm bereits das von den Seiten bei den Spanten eindringende Wasser entgegenkam. Der Obermaschinist eilte auch sofort nach unten, wo er die Maschine bereits gestoppt vorfand; im übrigen fand er alles in Ordnung; nur das Judenloch, in dem das Schraubenrohr liegt, war voll Wasser. Vom Judenloch drang das Wasser durch den nicht ganz dichten Mannlochdeckel in die hintere Piek, wo die Schiffskellner ihre Schlafstätten haben und von hier durch die Seiten des Schotts, der den Unterladeraum gegen die Piek abschließt, in den, Rattenboden genannten, oberen Theil des Unterladeraums. Hier lagerte Taback, der durch das eindringende Wasser beschädigt wurde.

Da das Schiff manövrirunfähig war und bei der herrschenden leichten Briese ein Setzen der Segel zwecklos schien, kam auf das Signal des Dampfers „Neckar" der englische Dampfer „Beechville" herbei, dem es nach einiger Zeit gelang, den Dampfer „Neckar" ins Schlepptau zu nehmen und nach Lissabon zu bugsiren. Von hier wurde der Dampfer „Neckar" durch den Schleppdampfer „Retter" des Norddeutschen Lloyd nach Bremerhaven geschleppt. Hier wurde das Schiff gedockt und die Welle herausgenommen. Es stellte sich heraus, daß sie in der Sternbüchse etwa 1½ Fuß von außen nach innen zu, im hinteren Broncefutter, das vollständig zerrissen war, vor der aus Pockholz und Bronce bestehenden Umhüllung gebrochen war. An der Bruchstelle hat die Welle einen Durchmesser von 418 mm. Die Bruchstelle verläuft nicht gleichmäßig; vielmehr geht der Bruch zunächst in einem Winkel von 30° von außen bis zu etwa ⅔ des Durchmessers 300 mm in die Welle hinein und von da fast rechtwinklig nach der Seite heraus. Die erste schräge Bruchfläche ist fast glatt, so daß das Seeamt hieraus die Ueberzeugung geschöpft hat, daß hier ein alter Riß vorliegt, der sich allmälig bis zu ⅔ des Durchmessers erweitert und dann plötzlich quer das letzte Drittel der Welle durchgebrochen hat. Aeußerlich sichtbar ist der alte Riß nicht gewesen, da über demselben und rund um die Welle in einer Ausdehnung von einem Meter Länge die Bronceumhüllung sich befand, mit der die Welle auf dem letzten Wellenlager auflag. Die Annahme, daß es sich um einen alten Fehler handelt, wird noch durch den Umstand unterstützt, daß die Welle erst fünf Jahre sich im Gebrauch befindet und durchschnittlich der doppelte Zeitraum für die Gebrauchsfähigkeit einer Welle gerechnet wird.

Die ungleichmäßige Bruchfläche hat bei der Umdrehung der Welle von etwa 56 Umgängen in der Minute, wie aus dem Tagebuch festgestellt ist, zunächst die Bronce-Umhüllung und dann die Sternbüchse sprengen müssen.

Da der Riß durch die Broncehülle verdeckt gewesen ist und auch eine genaue Untersuchung den Riß nicht würde haben entdecken lassen, so hat das Seeamt hieraus ein Verschulden der Schiffsleitung oder des Maschinenpersonals an dem Unfall für ausgeschlossen erachtet. Zwar ist zu tadeln, daß der Obermaschinist und der wachehabende Maschinist, wie sie bei dem schweren Arbeiten der Maschine und dem Lauwerden des Sternbüchsenwassers darauf aufmerksam gemacht wurden, daß an der Maschine etwas nicht in Ordnung sei, die Sachlage anscheinend nicht zu beherrschen verstanden haben. Eine Verlangsamung der Fahrt würde aber nach Ansicht des Seeamts den Wellenbruch nicht verhindert haben. Dies wäre nur der Fall gewesen, wenn die Maschine sofort bei den genannten Anzeichen ganz gestoppt worden wäre. Nach Lage der Sache kann das Seeamt aber einen Vorwurf nicht daraus erheben, daß diese einzige und äußerste Maßregel nicht angewandt ist.

Da das Schiff manövrirunfähig war, erscheint es gerechtfertigt, daß die Schiffsleitung das Schiff durch den Dampfer „Beechville" nach Lissabon bugsiren ließ.

## 40. Spruch des Seeamts zu Hamburg vom 5. Juli 1892, betreffend den Seeunfall des Schraubendampfers „Wilhelm Oelßner" von Hamburg.

Der Spruch des Seeamts lautet:

Die Strandung des Dampfers „Wilhelm Oelßner" auf Thrumcap Shoal vor der Einfahrt von Halifax ist darauf zurückzuführen, daß Schiffer Johannes Bremer, ohne die nöthige Specialkarte an Bord zu haben und ohne die Ankunft eines Lootsen abzuwarten, es unternahm, in den Hafen von Halifax einzulaufen. Das Verhalten des Schiffers Bremer ist auf das schärfste zu tadeln.

Thatbestand. Der Dampfer „Wilhelm Oelßner", Unterscheidungs-Signal RHVJ, ist im Jahre 1879 in Newcastle o/Tyne erbaut und führte bis zu seinem Uebergang in deutschen Besitz unter britischer Flagge den Namen „Tripoli". Der Dampfer hat einen Netto-Raumgehalt von 3021,5 cbm = 1066,59 britischen Register-Tons, ist aus Eisen erbaut und hat eine Maschine von 520 indicirten Pferdekräften. Das Schiff gehört dem Kaufmann August Wilhelm Oelßner und Mitrheder in Leipzig und ist die Firma Gerhard & Hey in Hamburg zum Correspondentrheder ernannt. Geführt wurde das Schiff von Schiffer Johannes Bremer aus Blankenese, welcher im Besitze eines in Schleswig ausgestellten Schifferpatents vom 1. August 1873 ist. Die Besatzung des Schiffes bestand aus im ganzen 23 Personen.

Der Dampfer war von der Hamburger Hansa-Linie zu einer Reise von Hamburg über Antwerpen nach Halifax gechartert und hatte am 26. Februar 1892 seine Reise angetreten. Am 4. März war das Schiff von Antwerpen weiter gegangen. In der Nacht vom 21. auf den 22. März hatte man die Küste von Nova Scotia in Sicht bekommen und am 22. März abends die Feuer von Cape Sambro und Chebucto gesichtet. Um 11 Uhr ging Schiffer Bremer unter Devil Island an der Ostseite der Einfahrt zum Hafen vor Anker.

Man lag vor Steuerbordanker mit 45 Faden Kette auf 9½ Faden Wassertiefe. Die genommene Ankerpeilung war Devil Feuer in NNO per Compaß 2 Seemeilen Abstand. Schiffer Bremer war dort zu Anker gegangen, weil er keinen Lootsen bekommen hatte.

Am 23. März morgens wurde die Lootsenflagge gesetzt; da aber kein Lootse kam und keiner zu sehen war, lichtete man um 6 Uhr 30 Minuten morgens den Anker, um ohne Hülfe eines solchen in den Hafen einzulaufen. Man steuerte mit W½SCurs dem Hafen zu. Um 7 Uhr stieß das Schiff auf Grund und war trotz mit Volldampf rückwärts arbeitender Schraube nicht vom Grunde abzubringen. In der Dünung stieß der Dampfer heftig auf Grund. Man sandte alsbald ein Boot, um Hülfe zu holen, an Land. Um 9 Uhr wurde das Schiff leck und drang Wasser in den Heizraum, welches sich jedoch mit der Maschinenpumpe bewältigen ließ.

Um 11 Uhr trafen Dampfleichter und Schleppdampfer bei dem „Wilhelm Oelßner" ein, und begann man sofort Ladung zu löschen, auch solche über Bord zu werfen, nachdem die Leichter voll waren, weil das Schiff gefährlich saß und bei Eintritt stürmischen Wetters leicht verloren gehen konnte. Den Anstrengungen der Schleppdampfer gelang es nachmittags 2 Uhr, den Dampfer wieder flott zu machen und in Halifax einzubringen. Ein erheblicher Theil der Ladung war beschädigt; auch hatte das Schiff selbst schweren Schaden genommen. Nach einer Taxe sachverständiger Besichtiger wurde der Werth des Schiffes im beschädigten Zustande auf $ 15000 geschätzt.

Nach einer Mittheilung der Rhederei beläuft sich der durch die Strandung verursachte Schaden am Schiff auf ungefähr M. 150000; dazu kommen noch die Bergungskosten, welche auf ungefähr M. 50000 angeschlagen werden, so daß sich der Gesammtschaden auf M. 200000 beläuft.

Consularische Erhebungen über die Strandung haben in Halifax über jenen Unfall nicht stattgefunden. Es ist indeß gelungen, den größten Theil der Besatzung vor dem Seeamt zu vernehmen.

Schiffer Bremer hat hierbei angegeben, daß die Seekarten ihm von seiner Rhederei geliefert würden; er habe sich dieselben in einer der bekanntesten Kartenhandlungen selbst bestellt, angesehen und die ausgesuchten für genügend gehalten. Die Karten, welche Schiffer Bremer an Bord gehabt, lagen dem Seeamt vor; es waren dies

1. Chart Nr. 2 East Coast of North America from Cape Canso to Delaware Bay, published by James Imray & Son, London 1890, corrected to 1891,
2. die Admiralitätskarte No. 311 von Halifax Harbour v. 1889.

Diese letztere Karte enthält indeß nicht die Einsegelung in die Bucht von der See her, sondern nur den oberen Theil der Bucht, an welcher die Stadt Halifax liegt.

Schiffer Bremer erklärte sodann, daß er während des Voranker-liegens keine Lootsensignale in der fraglichen Nacht gemacht habe.

Ueber die Fortsetzung der Reise am folgenden Morgen, als auf das Lootsensignal hin kein Lootse erschien, hat sich Schiffer Bremer weder mit seinen Steuerleuten, noch mit dem an Bord befindlichen Supercargo berathen.

Die auf Thrumcap Shoal ausgelegte Boje hat Schiffer Bremer gesehen, dieselbe indeß für diejenige einer der weiter seewärts liegenden Untiefen gehalten.

Nach dem Maschinenjournal ist die Maschine um 6 Uhr 35 Minuten morgens auf langsam vorwärts und dann auf volle Kraft voraus gestellt und in dieser letzteren Gangart bis 6 Uhr 48 Minuten beibehalten worden; dann erfolgte das Commando „Halt" und um 6 Uhr 49 Minuten „volle Kraft rückwärts", jedoch ohne den Erfolg, das Schiff vom Grunde abzubringen.

Zwei der auf dem Hinterdeck beschäftigt gewesenen Matrosen haben gleichfalls jene Boje an Backbord gesehen und bemerkt, wie dort vor Anker liegende Fischer durch Zeichen und rufen die Aufmerksamkeit des Dampfers zu erwecken suchten. Schiffer Bremer will hiervon nichts bemerkt haben.

Gründe. Dem Seeamt hat außer den von dem Schiffer Bremer benutzen Karten die aus derselben Kartenhandlung bezogene englische Admiralitätskarte No. 2320 Approach to Halifax vorgelegen, auf welcher Schiffer Bremer sich davon überzeugen mußte, daß in der auf zwei Seemeilen Entfernung angegebenen Ankerpeilung von Devil Lights sich keine 9½ Faden, sondern 19—20 Faden Wasser befinden.

Da anzunehmen ist, daß der Dampfer thatsächlich auf der von dem Schiffer Bremer angegebenen Wassertiefe am Abend des 22. März vor Anker gegangen ist, so hat derselbe dem Lande damals bis auf ¾ Seemeilen nahe gelegen, nicht aber auf 2 Seemeilen Entfernung.

Dadurch erklärt sich denn auch, daß man am nächsten Morgen mit W½SCurs, welcher Curs in Folge 7° östlicher Deviation des Steuercompasses auf jenem Curse W¼N ergiebt, direct auf Thrumcap Shoal losfuhr und festgerieth.

Die Schuld hieran liegt zunächst offenbar in dem mangelhaften Kartenmaterial, welches Schiffer Bremer sich verschafft hatte und welches ihm keine Orientirung über die localen Verhältnisse gestattete.

Ein Absetzen seiner Position auf jener sub 1 gedachten Uebersegelungskarte war nicht möglich, obwohl man immerhin aus jener Karte auf das Vorhandensein einer sich weit hinaus in jene Bucht erstreckenden Untiefe schließen konnte.

Daß Schiffer Bremer bei Antritt seiner Reise nicht besser für die Anschaffung des nöthigen Kartenmaterials sorgte, ist geradezu leichtfertig, da es ihm hierzu in keiner Weise an Gelegenheit fehlte und er überdies nicht einmal selbst die Kosten solcher Anschaffung zu tragen hatte.

Schiffer Bremer hat aber nicht nur dies verabsäumt, sondern seiner eigenen Erklärung nach nicht einmal aus der an Bord befindlichen Specialsegelanweisung sich über die Ansteuerung jener Gegend des näheren orientirt.

Hätte derselbe wenigstens dies gethan, so hätte ihm zunächst die eindringliche Warnung S. 24 entgegentreten müssen:

> No vessel ought to attempt the harbour of Halifax without having a pilot on board,

und ferner hätte er dann doch die für die Eventualität des Nichterlangens eines Lootsen gegebene Segelanweisung befolgen können, wonach er, von ostwärts kommend, von Devil Island aus zunächst Chebucto Head anzusteuern hatte und an der westlichen Seite der Bucht den Hafen zu erreichen suchen mußte, unter Belassung der gefährlichen Untiefen von Roch Head, Portuguese Shoal, Neverfail und Thrumcap Shoal auf Steuerbord.

Diese in jener Segelanweisung klar gegebene Directive würde ihn im Falle des Nichterlangens eines Lootsens selbst noch mit jener ungenügenden Karte in das richtige Fahrwasser und voraussichtlich dann auch in den Hafen geführt haben.

Der von Schiffer Bremer eingeschlagene Curs ohne nähere Orientirung war daher ein durchaus verkehrter.

Zur Erlangung eines Lootsen hat nun Schiffer Bremer seinerseits gleichfalls nur wenig gethan. Er war zwar, wie er selbst angiebt, um einen Lootsen abzuwarten, vor Anker gegangen; Lootsensignale gab derselbe aber während der Nacht nicht. Auch am nächsten Morgen dampfte er bereits, nachdem er nach Tagwerden eine kurze Zeit die Lootsflagge gezeigt, ohne einen solchen um 6 Uhr 35 Minuten weiter.

Hätte Schiffer Bremer die Segelanweisung, die ihm doch zu gebote stand, gelesen, so würde er S. 21 gefunden haben, daß Devil Island Lootsenstation ist. Zweifellos wäre aber dann, wenn er nur während der Nacht Lootsensignale gezeigt, am nächsten Morgen rechtzeitig der gewünschte Lootse an Bord gewesen, da der Dampfer ja unmittelbar vor jener Lootsenstation lag.

Daß Schiffer Bremer in dieser Beziehung so gleichgültig verfuhr, ist höchst tadelnswerth.

Ein weiterer Fehler des Schiffers Bremer aber war der, daß er, als er am nächsten Morgen seine Fahrt wieder aufnahm und jenes unbekannte Fahrwasser ansteuerte, dies mit voller Maschinenkraft und ohne Gebrauch des Lothes that.

Wäre Schiffer Bremer zunächst langsam gefahren unter fortgesetztem Gebrauch des Lothes, so würde er zweifellos nicht auf Thrumcap Shoal gerathen sein, da die abnehmenden Tiefen ihn rechtzeitig gewarnt haben würden. Ohne weiteres anzunehmen, daß er sich hier noch im tiefen Wasser befinde, war Leichtsinn.

Der schnell herbeigekommenen Hülfe ist es schließlich zu danken, daß das Schiff bei jener Strandung nicht verloren gegangen ist.

Die Navigirung des Schiffes bei dem Ansteuern jenes Hafens kann das Seeamt daher nur als eine leichtfertige und höchst sorglose bezeichnen.

Das Seeamt tadelt mit dem Reichscommissar das Verhalten des Schiffers Bremer auf das schärfste.

## 41. Spruch des Seeamts zu Bremerhaven vom 16. Juli 1892, betreffend den Zusammenstoß des Schraubendampfers „Trave" von Bremen mit dem britischen Vollschiff „Fred. B. Taylor".

Der Spruch des Seeamts lautet:

Der Zusammenstoß des Schnelldampfers „Trave" mit dem englischen Schiffe „Fred. B. Taylor" im Atlantischen Ocean am 22. Juni 1892 ist auf den dichten Nebel zurückzuführen, in den der Dampfer „Trave" hineinfuhr. Zu tadeln ist, daß der wachthabende erste Steuermann nicht sofort bei Eintritt des Nebels die vorgeschriebenen Nebelsignale geben und die Fahrgeschwindigkeit mäßigen ließ.

Die nach dem Zusammenstoß ergriffenen Maßregeln, namentlich das mit eigner Lebensgefahr verknüpfte Rettungswerk verdienen lobende Anerkennung.

Gründe. Der viermastige Schraubendampfer „Trave", Unterscheidungssignal QFBC, Heimathhafen Bremen, Rhederei Norddeutscher Lloyd in Bremen, ist im Jahre 1886 aus Stahl gebaut. Er mißt brutto 14 068,6 cbm und netto 2923,29 britische Register-Tons. Er hat eine dreifache Expansionsmaschine mit sechs Feuerbüchsenkesseln mit rückkehrenden Heizröhren und 8100 indicirten Pferdestärken. Die Besatzung bestand aus 197 Mann. Der Schiffer heißt Reimkasten.

Am 21. Juni 1892 nachmittags 1 Uhr verließ der Dampfer mit 163 Passagieren I. Kajüte, 80 Passagieren II. Kajüte und 218 Zwischendeckspassagieren, somit einschließlich der Besatzung mit 654 Menschen an Bord, Hoboken. Außer etwa 1700 Tons Kohlen waren 1100 Tons Ladung an Bord. Bei schönem Wetter und mäßigem bis frischem südwestlichem Winde verfolgte das Schiff seinen östlichen Curs bis zum nächsten Morgen um 6 Uhr 10 Minuten, ohne daß Erwähnenswerthes vorfiel. Von 4 Uhr morgens an waren der erste Steuermann Meissel und der dritte Steuermann Kenter auf der Brücke auf Wache. Um 6 Uhr 10 Minuten wurde die Luft leicht häsig. Der Maschinentelegraph wurde auf Achtung gestellt und Befehl zum Schließen der Schotte gegeben. Letzteres wurde durch den Zimmermann Wiese besorgt. Der Ausguck wurde doppelt besetzt und zwar durch die Matrosen Treptow und Rühlow. Der Ausguck befand sich im Mastkorb des Fockmastes. Am Ruder auf der Brücke stand der Steurer Pohl. Der Schiffer war unter Deck gegangen mit dem Befehl, ihn zu wecken, sobald es nebelig werden sollte. Um 6 Uhr 25 Minuten wurden die am Ausguck befindlichen beiden Matrosen aus dem Mastkorbe nach vorn in den Bug geschickt, da das Wetter noch häsiger wurde. Treptow stellte sich an Backbordseite auf, während Rühlow seinen Stand an Steuerbordseite nahm. Der Curs war O¼S nach dem Compaß gleich O½S magnetisch. Bis die Maschine auf Achtung gestellt war, machte sie bei voller Kraft 64 Umgänge in der Minute und das Schiff lief etwa 16¾ bis 17 Knoten. Nachdem die Maschine auf Achtung gestellt war, hatte sie nur noch 59 Umdrehungen und das Schiff etwa 15¾ Knoten Fahrt. Kaum war der Ausguck in den Bug geschickt, als der Dampfer in eine, nach Ansicht des ersten Steuermanns, durch kälteres Wasser erzeugte Nebelwand hineinfuhr. Dem Befehle des Schiffers gemäß wurde der dritte Steuermann zu ihm hinuntergeschickt, um ihm zu melden, daß es nebelig sei, der Telegraph auf „Achtung" stehe und der Wachthabende Nebelsignale zu geben beabsichtige. Der dritte Steuermann befand sich noch auf der Brückentreppe, als der erste Steuermann einen Strich an Steuerbord ein großes Segelschiff sichtete, das anscheinend alle Segel beihatte, die es bei der Windstärke 5 führen konnte, mit Ausnahme des festgemachten Oberbramsegels. Gleich darauf wurde der Segler von den beiden Leuten am Ausguck ausgesungen. Der erste Steuermann schätzte die Fahrt des Seglers auf mindestens 6 Knoten und denselben nur höchstens 2 Schiffslängen vom Dampfer entfernt. Vor dem Bug des Seglers zu passiren war gefährlich. Der erste Steuermann ließ daher sofort das Ruder hart rechts legen (Backbord) und gab in die Maschine den Befehl „volle Kraft rückwärts". Der Steurer Pohl führte das Rudercommando sofort aus und sah in diesem Augenblicke erst einen Strich an Steuerbord die Vorsegel und den oberen Theil des Fockmastes eines Seglers, sonst nichts. Nach der Aussage des zweiten Maschinisten Berkelmann wurde das Maschinencommando sofort ausgeführt und die Maschine sprang in 7 bis 8 Secunden, nach Ansicht des vierten Maschinisten von Riegen in 15 bis 20 Secunden, auf voll rückwärkts an. Der dritte Steuermann hatte auf der Treppe zum Navigationszimmer die Commandos des Wachthabenden gehört und eilte, ohne erst den Schiffer zu benachrichtigen, wieder auf die

Brücke. Er sah nun ebenfalls an Steuerbord den Segler und bemerkte auch, daß der Dampfer abfiel. Nach Angabe des ersten Steuermanns ist der Dampfer 1 1/2 Strich abgefallen und lag beim Zusammenstoß nach Aussage des Steurers Pohl OSO 1/2 O nach dem Compaß an. Die Fahrgeschwindigkeit des Dampfers verminderte sich bis zum Zusammenstoß nach der Meinung des Schiffers auf 9 Knoten, nach derjenigen des ersten Steuermanns auf 6 Knoten. Der Dampfer traf den Segler um 6 Uhr 30 Minuten in einem Winkel von 70 bis 80° etwa 10 Fuß vor dem Kreuzmast an der Backbordseite und schnitt ihn mitten durch. Der Kreuzmast fiel nach rechts und die Wrackstücke blieben frei vom Schiffe.

Der Segler war das englische Vollschiff „Fred. B. Taylor".

Dies Schiff, Unterscheidungssignal HVSR, Schiffer Hurlbert, Heimathhafen Yarmouth (N. E.), Rhederei Wm. Law & Co. war im Jahre 1883 aus hartem Holz gebaut, netto 1798 britische Register-Tons groß, hatte beim Bureau Veritas Klasse ✢ 3/3 L. 1. 1. bis zum Mai 1895 laufend und befand sich in Ballast auf der Reise von Havre nach New-York; die Besatzung bestand aus 22 Mann. Das Seeamt hat sich vergeblich bemüht, die Aussagen der Besatzung des englischen Schiffes vor englischen Behörden zu erhalten. Nur ein Matrose, der zur Zeit des Zusammenstoßes am Ausguck sich befand, der Koch und die Kellnerin, welche Deutsche sind, haben eidlich vor dem Seeamt vernommen werden können. Nach der Aussage des Matrosen Moll, welche im wesentlichen durch die Aussagen der beiden andern Zeugen unterstützt wird, war das Schiff bereits 40 Tage unterwegs und hatte sich die letzten 4 Tage im Nebel befunden. Es lag vor dem Zusammenstoß mit Backbordhalsen NW an. Der Schiffer führte das Commando und der erste Steuermann war zur Koje. Das Schiff führte alle Segel mit Ausnahme der Oberbramsegel, des Besahns und der Bramstagsegel. Der Matrose Moll meint, der Schiffer habe geglaubt, der Nebel werde sich legen; denn kurz vor dem Zusammenstoß seien noch das Großsegel und der Außenklüver gesetzt worden. Er habe sich am Ausguck befunden und zwar habe er um 6 Uhr morgens den Matrosen Olsen am Ausguck abgelöst. Er habe dann mit einem gewöhnlichen kupfernen Horn die vorgeschriebenen Nebelsignale, jedesmal 2 kurze Töne, mit dem Munde geben müssen. Ein Nebelhorn, das durch mechanische Vorrichtung geblasen wird, war zwar an Bord, aber nicht im gebrauchsfähigen Zustande. Das kupferne mit dem Mund zu blasende Horn sei schwer zu blasen und überdies auch nicht sehr weit zu hören gewesen, wie denn auch thatsächlich auf dem Dampfer „Trave" niemand Nebelsignale gehört haben will. Der Matrose Moll hatte nun bereits zweimal die Nebelsignale gegeben und hatte auch schon einen Ton vom dritten Nebelsignal abgegeben, als er etwa 3 Strich an Backbord voraus den Dampfer erblickte. Er ließ das Horn fallen, ohne das Signal zu beendigen und sang den Dampfer aus. Er bemerkte nun, daß die „Trave" abfiel, so daß seiner Meinung nach entweder dieser Dampfer Backbordruder gegeben oder aber der Segler seinen Curs geändert haben mußte. Der am Ruder des „Fred. B. Taylor" befindliche Matrose hat ihm erzählt, es sei kurz vor dem Zusammenstoß noch hart Backbordruder commandirt worden; er habe auch das Ruder übergelegt, das Commando aber bis zum Zusammenstoß nicht mehr ganz ausführen können. Der Matrose Moll giebt noch an, daß der Dampfer den Segler in einem Winkel von 75 bis 80° getroffen und ihn vor dem Kreuzmast durchschnitten habe; worauf er, um von dem Wrack nicht in die Tiefe gezogen zu werden, über Bord gesprungen sei. Der Dampfer habe den Segler grade an der Stelle getroffen, wo die Koje des ersten Steuermanns sich befunden, so daß derselbe wahrscheinlich durch den Bug des Dampfers zermalmt worden sei. Die übrige Mannschaft bis auf den Zeugen Moll und den Segelmacher Carlsen, welcher ebenfalls über Bord gesprungen, seien auf dem Wrack geblieben. Der Segelmacher Carlsen sei vor seinen Augen ertrunken, die übrige Mannschaft, wie er selbst, durch die Boote der „Trave" gerettet.

Gleich nach dem Zusammenstoß wurde die Maschine auf dem Dampfer gestoppt, angeblich um die Schraube klar zu halten, Rettungsbojen wurden geworfen und sofort alle Mann an Deck gerufen. Der Schiffer war, durch den Stoß geweckt, auf die Brücke geeilt und leitete das Rettungswerk. In weniger als einer Minute wurde das an Backbord hängende Bruns Patentboot bemannt und zu Wasser gelassen. Das Rettungswerk war schwierig und mit eigner Lebensgefahr verknüpft. Die See war lebhaft bewegt aus WSW und es stand eine ziemlich hohe südwestliche Dünung und auch war das Boot im Nebel durch die umhertreibenden Wrackstücke nicht unerheblich gefährdet. Signale wurden gegeben mit der Dampfpfeife, die vom Boot aus mit der Mundsignalpfeife und dem Nebelhorn erwidert wurden; auch manövrirte der Dampfer so schnell wie möglich in die Nähe des Wracks. Nun wurde auch das Steuerbord-Patentboot geschlippt und befand sich nach einer halben Minute unterwegs zum Wrack. Das erste Boot hatte 7 Leute von den umherschwimmenden

Wrackstücken aufgelesen, während das zweite Boot 13 Personen von dem Vordertheil des Schiffes rettete. Nachdem die Leute an Bord des Dampfers gebracht waren, wurde die Reise fortgesetzt. Die „Trave" hatte nur unbedeutende Beschädigungen durch den Zusammenstoß davon getragen.

Dem Seeamt ist es zweifellos, daß die Ursache des Zusammenstoßes in dem dichten Nebel zu finden ist. Zwar suchen die betheiligten Schiffsofficiere auf dem Dampfer den Eindruck hervorzurufen, als wäre es bis zwei Minuten vor dem Zusammenstoß nur etwas häsig gewesen; dann aber habe sich plötzlich eine Nebelwand vor dem Dampfer aufgethan. Die auf dem Dampfer getroffenen Maßregeln entsprechen dieser Auffassung nicht. Schon 20 Minuten vor dem Zusammenstoß wurden die Schotte gedichtet, der Maschinentelegraph auf Achtung gestellt und der Ausguck verdoppelt und 5 Minuten vor dem Zufammenstoß, als offenbar die Dichtigkeit des Nebels noch mehr zugenommen hatte, wurde der Ausguck vom Fockmastkorbe auf die Back beordert. Daß trotzdem mit ungeminderter Fahrt weiter gedampft wurde, verdient scharfen Tadel; denn die geringe Fahrtminderung, die beim Abblasen des Dampfes eintritt, wenn in die Maschine das Achtungssignal gegeben wird, hat keine Bedeutuug. Auch verkannte der erste Steuermann seine Pflichten, wenn er glaubte, erst dem Schiffer Meldung machen zu müssen, ehe er die vorgeschriebenen Nebelsignale gab.

Diese hätte er mindestens schon dann geben müssen, als er den Ausguck in den Bug sandte. Daß der erste Steuermann, wie der Zusammenstoß unvermeidlich war, das Ruder hart rechts backbord legen und den Segler opfern ließ, um die größeren Werthe an Vermögeu und Menschenleben auf der „Trave" zu retten, ist so selbstverständlich, daß das Seeamt nicht begreift, wie der erste Steuermann sich auf diese Maßregel noch etwas besonderes zu gute thun mag, was sein Auftreten vor dem Seeamt gezeigt hat. Ein Schiffsofficier, der nicht einmal solche Geistesgegenwart zu bethätigen im stande ist, würde nach Ansicht des Seeamts die Befähigung, einen Schnelldampfer zu leiten, damit einbüßen. Daß der erste Steuermann nach dem Zusammenstoß den Dampfer vom Segler freiarbeiten ließ, tadelt das Seeamt nicht; es würde aber als Zeichen besonderer Umsicht anerkannt haben, wenn er mit dem Dampfer in der durch den Zusammenstoß verursachten Oeffnung verblieben, bis die Besatzung auf den Dampfer hinübergeklettert wäre; vielleicht wäre dadurch der Tod des Segelmachers Carlsen vermieden.

Die nach dem Zusammenstoß vom Schiffer geleiteten Rettungsmaßregeln verdienen lobende Anerkennung und es verdient lobend hervorgehoben zu werden, daß der erste Steuermann sowohl als auch die übrige Besatzung des Dampfers und der Rettungsboote eine musterhafte Disciplin gezeigt, daß sie sich mit Todesverachtung und großer körperlicher Anstrengung dem im wesentlichen von Erfolg gekrönten Rettungswerk hingegeben haben.

Die Schiffsleitung des „Fred B. Taylor" trifft ein Verschulden in dem einen Punkte, daß sie ein nicht vorschriftsmäßiges Nebelhorn hat verwenden lassen.

Das Seeamt glaubt allerdings nicht, daß durch den Gebrauch eines ordnungsmäßigen, auf weitere Entfernung hörbaren Nebelhorns der Zusammenstoß vermieden wäre. Ein solches Nebelhorn wäre bei dem entgegenwehenden westsüdwestlichen Winde von der Stärke 5 und bei der Schnelligkeit des Dampfers von über 15 Knoten Fahrt wahrscheinlich auch nicht auf dem Dampfer gehört worden.

Daß die Schiffsleitung des Seglers kurz vor dem Zusammenstoß abgehalten, glaubt das Seeamt auch, da der Winkel von 70 bis 80°, in welchem der Segler getroffen ist, nicht durch das Abfallen der 1½ Strich auf Seiten des Dampfers allein erklärt werden kann. Da der Segler keinen Besahn gesetzt hatte, konnte er schon durch das Aufdrehen des Ruders allein soweit nördlich abfallen, daß die Stellung der beiden Schiffe zur Zeit des Zusammenstoßes als erwiesen angenommen werden kann. Bei dem unmittelbar drohenden Zusammenstoß ist diese Maßregel, die unter andern Umständen tadelnswerth wäre, nicht zu beanstanden, da der Artikel 23 der Kaiserlichen Verordnung vom 7. Januar 1880 ein Abweichen von seinen Vorschriften für Fälle unmittelbarer Gefahr gestattet.

Inhalt (Fortsetzung von Seite 2 des Umschlags).

MIX
Papier | Fördert gute Waldnutzung
FSC® C083411

Kolibri 360 GmbH
Ferdinand-Jühlke-Straße 7
99095 Erfurt, Deutschland
produktsicherheit@kolibri360.de